한국의 전통 무예

십팔기

한국의 전통 무예

십팔기

최 복 규 지음

우리 문화의 뿌리를 찾아서를 펴내며

한국의 전통 문화를 세계화하고자 하는 의도에서 기획된 '우리 문화의 뿌리를 찾아서' 시리즈는 다양한 분야에서 연구한 성과들을 국내외에 소개함으로써 우리 문화의 독특함과 보편성을 알리고 세계 속에서 한국 문화의 위상과 학문적 경쟁력을 높이는 데에 그 목적이 있다.

한글과 영어로 발간되는 이 시리즈는 지나치게 학술적인 경향이나 단순한 안내서의 수준을 지양하고 한국의 전통 문화를 이루는 근간을 다양한 사진 자료를 통해 세부적으로 집중 조명해 봄으로써 우리 문화를 폭넓고 깊이 있게 이해할 수 있도록 하는 데에 그 특징이 있다.

이 시리즈는 또한 현대 문명이 유발한 문제점들을 치유하는 대안이 한국의 전통 문화의 본질 속에 들어 있다는 것을 깨닫게 함으로써 세계인들이 한국 문화의 우수성을 올바로 이해하는 데에 크게 기여할 것이다.

2005년 1월

이화여자대학교출판부

책머리에

외국에 한국을 알리는 문화 상징으로 가장 영향력이 있는 것은 무엇일까? 많은 사람들이 경복궁이나 덕수궁과 같은 문화유산, 아니면 설악산이나 지리산과 같은 자연 유산 등을 떠올릴 것이다. 그렇지만 정작 한국을 알리는 가장 영향력 있는 것은 '무예'가 아닐까 싶다.

다 알다시피 태권도는 한국을 대표하는 10대 문화 상징 가운데 하나이며, 합기도 역시 전 세계적으로 퍼져나가면서 각광을 받고 있다. 또 전통적인 한국 무예에 열광하는 외국인들도 갈수록 늘고 있다. 한국을 기원으로 하고 있거나 한국인에 의해 창작된 한국의 무예가 세계적으로 환영을 받고 있는 것은 명백한 하나의 문화 현상이라고 할 수 있다.

무예 문화가 일반 여타 문화와 다른 것은 살아 움직이는 그 역동성에 있다. 대부분의 전통 문화들이 정적이며 내적으로 수렴하는 경향을 가지고 있고, 게다가 보는 데서 그치는 경향이 많은 반면, 무예는 동적이며 활력을 바탕으로 하고 외부로 드러내는 강렬함에 그 특징을 두고 있으며, 실제로 움직이며 참여하는 실천에 핵심이 있다.

무예 문화의 특징은 한마디로 몸으로 익히는 문화라고 할 수 있다. 그래서 여타 문화들과는 성격을 달리한다. 유형 문화재나 연극 · 춤 등의 공연 문화와 같은 것들은 보는 사람과 분리된 타자화된 대상으로밖에 인식되지 않는다. 한때의 감동이 기억 속에 남아 있을 순 있지만 그리 오래 각인되기는 힘들다. 하지만 무예 문화는 보는 문화이면서 동시에 몸으로 체험하고 체득하는 문화이다. 몸으로 익힌 것은 그만큼 강렬하게 기억되고 잊혀지지 않는다.

한국의 무예를 수련하는 많은 외국인들이 비록 한국에 한 번도 와보지 않았지만 무예라는 매개를 통해서 한국을 동경하고 한국의 문화에 경의를 표하는 것을 쉽게 발견할 수 있는데, 이는 무예가 단순히 몸을 움직이는 신체 활동에서 그치는 것이 아니라 한국의 문화적인 가치를 몸에 익혀 이를 체화시키도록 하기 때문에 가능한 것이다.

현재 태권도를 위시하여 합기도 · 해동검도 등 다양한 한국의 무예들이 있다. 그런데 이러한 근 · 현대적으로 각색된 무예, 맨손으로 하는 격투 기술, 혹은 스포츠화된 무예로 한국의 무예를 한정짓는다면 이는 매우 제한된 인식이다. 현대적으로 한국의 무예가 꽃을 피우기까지 그 이면에는 유구한 무예 문화의 역사가 자리잡고 있었다. 그러한 뒷심 없이 어떻게 하루아침에 전 세계를 뒤흔드는 한국의 무예가 생겨날 수 있었겠는가.

우리나라는 예로부터 무예를 숭상해 왔다. 부족국가 시대부터 이미 그 무명(武名)을 중국에까지 떨쳤다. 이 시기 창술과 활쏘기는 대표적인 무예였다. 고구려나 백제 · 신라 역시 활쏘기를 바탕으로 해서, 쇠뇌와 같은 원거리 무예뿐 아니라 창 · 검 등의 무예가 매우 발달했다. 우리는 기록과 고분 벽화를 통해서 당시의 다양한 무예에 대해서 살펴볼 수 있다.

고려 시대에 들어와서 이러한 상무 전통은 더욱 진작되었는데, 무인 계층은 창 · 검 등을 사용하는 다양한 무예들을 익혔으며, 특히 말을 다루는 기술을 익힐 수 있는 격구와 농마희(弄馬戱: 말 위에서 재주를 부리는 놀이)와 같은 상무 활동도 빈번하게 이루어졌다. 이러한 상무적인 풍속은 민간에서까지 널리 퍼져서 활쏘기와 각저(角抵) · 수박(手搏) · 석전 등이 유행하였다. 특히 몽고와의 오랜 전쟁을 겪으면서 무예를 중시하는 전통은 더욱 강화되었다. 조선 시대에 들어서도 이러한 상무적인 전통은 여전히 강조되었다. 고려의 상무 전통을 그대로 계승한 조선 전기에는 고려 시대에 개발된 화약 무기의 전술적인 활용도가 높아짐에 따라 이를 활용한 전술들이 함께 구사되었다. 또한 활쏘기는 한민족의 특징적인 무예로 여전히 중시되고 있었으며, 기병의 무예가 더욱 발전하였는데, 기창(騎槍)이나 기사(騎射)처럼 기병의 무예가 중시된 이유는 주된 위협이 북방의 여진족이었기 때문이었다.

조선 후기 들어 임진왜란과 병자호란 등의 큰 전쟁을 겪게 되는데, 이는 조선의 무예 체계에 중요한 변화의 계기를 가져왔다. 임진왜란때 일본은 조총과 전통적인 창검 등을 활용한 단병(短兵) 무예를 적절히 결합한 전법을 구사하며 조선을 압도하게 되는데, 이로 인해 조선은 기존의 화약 무기에 조총을 추가하고, 또 전술적인 이유로 상대적으로 소홀히 했던 단병 무예를 보완할 필요성을 절감하게 된다.

임진왜란을 계기로 시작된 이러한 무예 정리 작업은 이후의 병자호란이나 정유재란 등 후금의 압력이 거세지는 국제 정세와 북벌에 대한 의지가 결합되어 정조대에 이르기까지 지속적으로 이루어진다. 이 과정에서 정리된 무예가 바로 십팔기(十八技)이다. 십팔기는 말 그대로 18가지의 무예로 장창 · 죽장창 · 당파 등과 같이 '찌르는 무예', 본국검 · 예도 · 협도 · 월도 · 쌍검 등과 같은 '찍어 베는 무예', 권법 · 곤봉 · 편곤 등과 같은 '치는 무예'로 구성되어 있다. 십팔기의 가장 큰 특징은 '종합성'에 있다. 즉 당대까지 전해 내려오는 한 · 중 · 일 삼국의 무예 가운데 정화들만 뽑아서 조선의 입장에서 정리해서 완성했다는 데 그 의의가 있다. 그리고 이러한 십팔기를 수록하고 있는 무예서가 바로 정조의 명에 의해 1790년 편찬된 『무예도보통지』이다. 수원 화성에 주둔하고 있는 장용영에는 십팔기만을 전문적으로 익히는 십팔기군(十八技軍)과 능기군(能技軍)이 존재했으며, 오군영을 비롯한 각 군영에서도 역시 십팔기가 기본 무예로 채택되어 훈련되었다. 이러한 무예 전통은 구한말까지 꾸준히 계속되었다.

일본의 경우 무사의 전유물이었던 무술이 그 성격을 달리하며 인간을 형성하는 교육 수단으로 자리잡은 것과 달리 우리나라에서는 그러한 주체적인 계기를 마련할 수 있는 기회를 잃어버리고 말았다. 이는 구한말의 어수선한 정치 상황과 연이은 앞선 과학 기술로 무장한 서구 열강의 침입과 일제 식민 치하 등의 영향 때문이었다. 특히 무예 전통을 간직하고 있었던 군대마저 일제에 의해 강제 해산당함으로써 조선의 무예 전통이 제대로 계승되기에는 어려움이 있었다. 게다가 일제 치하에서는 무예를 비롯한 각종 상무적인 활동 자체가 탄압을 받는 상황이었으므로 무예 전통이 쇠퇴해갈 수밖에 없는 실정이었다.

해방 이후 새로이 한국의 무예가 태동을 하면서 발전하기 시작했는데, 이러한 한국의 무예들은 그 형태와 성격 등에서는 다소 차이가 있지만 정신적인 면에서는 모두 조선의 국기였던 십팔기를 계승하고 있음을 표방하고 있다(『무예도보통지』를 계승한다고 하는 것은 바로 십팔기를 계승하는 것과 같다. 왜냐하면 『무예도보통지』가 십팔기의 교범이기 때문이다). 십팔기는 그만큼 무예 전통의 한가운데 위치하고 있다. 최근 들어서는 십팔기를 전문적으로 수련하고 공연하는 국군 전통의장대가 창설됨으로써, 일본에 의해 무장해제된 지 실로 100년 만에 무예 전통이 되살아났다. 이는 일본에 의해 무장해제당한 조선 군사의 복권이며, 무예 정신의 부활이라고 할 수 있는 역사적인 사건이다.

이 책에서는 한국의 십팔기(十八技)를 중심으로 무예 전통에 대해서 개괄적인 검토를 시도했다. 특히 한국 무예의 분수령을 이루고 있는 『무예도보통지』에 수록되어 있는 무예 '십팔기'를 하나의 역사적 전기로 삼아 이전과 이후를 대별하여 서술을 시도하여 보았다. 중국이나 일본 모두 상대적으로 우리나라보다는 무예에 관한 전통이 깊고 또 그에 관련된 자료도 많다. 하지만 그러한 자료들 대부분이 개별적이거나 단편적이어서 의외로 고대 무예의 실상을 살펴보기에는 한계가 있다. 오히려 고대 무예의 모습은 한국에 고스란히 남아 있다고 할 수 있다.

『무예도보통지』는 고대 한 · 중 · 일 무예의 정화라고 할 수 있다. 일본이나 중국 역시도 전통 사회의 무예의 모습을 살피고자 한다면 『무예도보통지』를 참고하지 않을 수 없다. 그 어떤 자료적 한계도 상쇄하고 남을 만큼 무예에 관한 소중한 자료가 『무예도보통지』이다. 그리고 거기에 수록되어 있는 무예가 바로 '십팔기(十八技)' 이다. 그럼 지금부터 우리 역사를 거슬러 올라가 한국 전통 무예의 맥을 짚어보기로 하자.

지은이

차례

한국의 전통 무예 **십팔기**

책머리에 6

I. 한국의 무예 전통

고대의 상무(尙武) 전통 17

고대 무예의 종합-십팔기(十八技) 36

II. 고대의 무예

병장 무예 43

맨손 격투 기술 64

Ⅲ. 십팔기의 형성 과정 및 그 내용

임진왜란과 『무예제보』의 편찬 77
『무예제보번역속집』의 무예 89
십팔기와 『무예도보통지』 94
십팔기의 수련 및 비교 116

Ⅳ. 근 · 현대의 십팔기

근대의 한국 무예 153
현대 십팔기의 계승과 발전 159

찾아보기 168

I.
한국의 무예전통

고대의 상무(尙武) 전통

고대 무예의 종합-십팔기(十八技)

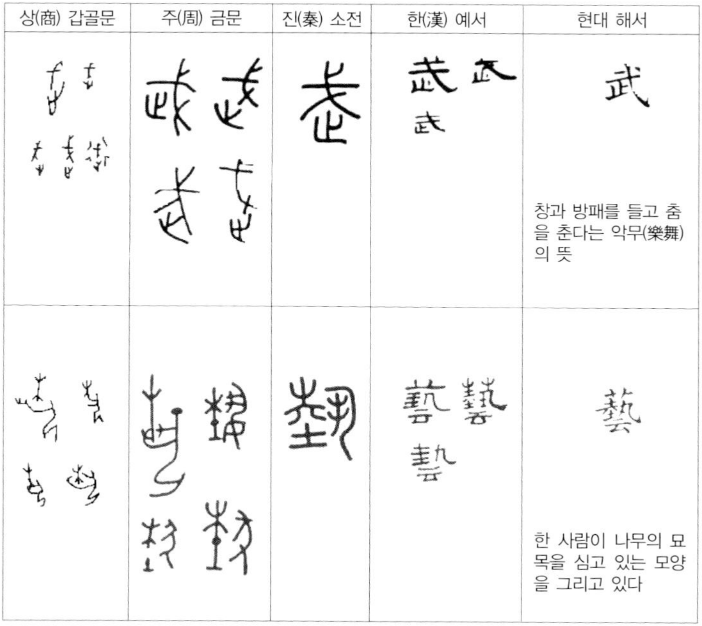

그림 1. 무(武)와 예(藝) 두 글자의 시대적 변천 과정

고대의 상무(尙武) 전통

고대의 무예

무예의 개념과 정의

오늘날 무예는 체육 혹은 스포츠 활동으로 인식되고 있지만 전통적으로 무예는 작게는 외부의 위협으로부터 개인을 지키기 위해서, 크게는 부족이나 국가의 방위를 위한 수단으로 중시되어 왔다. 본격적인 화약무기가 발달하기 전까지 무예는 자위 수단을 구성하는 군사 혹은 무장집단의 가장 중요한 요소 가운데 하나였다. 현대 사회에서 무예의 이런 집단 방어 체재로서의 성격은 많이 퇴색되었지만 여전히 '전통 무예', '한국 무예' 등은 한국을 대표하는 문화 상징 혹은 심신 단련을 위한 체육 활동으로 강조되고 있다. 한국의 전통 무예에 대해 말하기에 앞서 먼저 무예의 개념과 정의에서부터 시작하기로 하자.

무예(武藝)는 '무(武)'와 '예(藝)'의 두 글자로 이루어져 있다. 영어로는 'martial arts'라고 번역되는데, '무예'나 'martial arts' 모두 '무(武)'에 관한 '기예[藝]'란 뜻이다(그림 1). '무'는 흔히 알고 있는 것처럼 '지(止)'와 '과(戈)' 자로 이루어진 글자로, 갑골문에서는 '', '', ''로 나타난다. 모두 창[戈]을 들고 발을 구르고 뛰면서[止] 무공을 찬양하

는 악무(樂舞)의 모습을 나타내거나 혹은 창을 들고 위무당당하게 걸어가는 모습을 나타내고 있다. 전투 전후에 사기를 진작시키고 구성원간의 일체감을 고취하기 위해, 또 승리를 축하하기 위해 행해졌던 이런 행위들은 무가 본질적으로 전투 의식과 밀접한 관련을 가지고 있음을 보여준다. '예' 는 갑골문에서 '' 로 되어 있는데, 한 사람이 나무 묘목을 잡고 심는 모습을 형상한 글자이다. 나무를 가꾸는 일은 접지, 시비, 물주기, 해충 제거, 토양, 기후 등에 관한 전문 지식을 필요로 하는 직업이었으므로 여기에서 의미가 파생되어 후대로 내려오면서 장기간 심혈을 기울여 배워야만 하는 기술을 뜻하게 되었다.[1]

영어의 'martial arts' 에서 'martial' 역시 『로마신화』의 군신(軍神)을 뜻하는 '마르스(mars)' 에서 파생한 말로 군대 혹은 전쟁과 관련된 일을 뜻하며, 'arts' 는 기술을 뜻하는 'arte' 에서 나온 말이다. 이와 같이 한자어의 '무예' 나 영어의 'martial arts' 모두 군사[전쟁]와 관련된 기예를 뜻하는 말임을 알 수 있다. 물론 군사나 전쟁과 관련된 기예라고 하더라도 화공술(the science of firearms), 축성술(the science of fortification), 진법(the science of field deployment) 등은 무예의 범위에서 제외된다. 왜냐하면 무예는 어디까지나 몸의 움직임에 바탕을 두고 다양한 무기를 다루는 행위 양식으로 한정되기 때문이다. 그러므로 정확하게는 "말타기 · 활쏘기 · 도(刀) · 검(劍) · 창(槍) · 봉(棒) 등과 같은 치고 찌르고 베는 무기를 다루는 기술" 로 무예를 정의할 수 있다.

이러한 용례는 이미 중국의 경우는 한나라 때 보이고 있다. 진수(陳壽)의 『삼국지(三國志) · 촉지(蜀志)』 「유봉전(劉封傳)」에 "(유봉은) 무예

1. 許進雄, 『중국고대사회』(홍희 역), 194~195, 503쪽, 동문선, 1991.

를 할 줄 알며, 기력(氣力)이 다른 사람보다 뛰어났다[有武藝, 氣力過人]"라는 표현이 보인다. 우리나라의 경우 삼국시대 연개소문의 맏아들이었던 천남생(泉男生)의 묘지명에서 최초로 보이는데, 천남생이 "무예에서 뛰어난 재능을 펼쳤다[宏材伸於武藝]"라고 되어 있다. 『고려사』에도 "체격 조건이 좋고 무예가 뛰어난 사람이 임명되도록 하였다[身彩武藝備完者, 得與其選]"고 한 표현이 보인다. 이러한 표현들에서 '무예'는 모두 앞서 말한 것처럼 "말타기, 활쏘기, 다양한 무기들을 잘 다룬다는 의미"로 사용된 것이다. 이 밖에도 우리나라의 대표적 무예서인 『무예도보통지』에도 본국검 · 제독검 · 장창 · 월도 · 협도 · 곤봉 · 편곤 · 쌍검 · 쌍수도 등 다양한 무기를 다루는 내용과 마상월도 · 마상편곤과 같이 말을 타고 행하는 무예를 담고 있는 것에서도 '무예'의 의미를 구체적으로 확인할 수 있다.

그런데 오늘날 이런 전통적인 의미의 '무예'가 잘못 사용되는 경우가 많다. 태권도나 가라테 · 택견 · 유도 등에도 무예란 말을 붙이는 경우가 있는데, 이러한 맨손 기예 혹은 호신술은 사실 무예라고 할 수 없다. 혹자는 『무예도보통지』에도 맨손 기술인 권법을 수록하고 있지 않느냐고 강변하겠지만 『무예도보통지』「권법편」에서 언급하고 있는 것처럼 맨손 기술은 큰 싸움과는 직접적으로 관계가 없지만 몸을 활발하게 움직이고 체력을 키움으로써 무예를 배우기 위한 초학자가 익혀야 하는 기본 기술로서 의미를 가지는 것이다. 그러므로 엄밀하게 무예는 아니다.

후대로 내려오면서 화약 병기가 전장에서의 주된 위치를 차지하면서 전통적인 무예가 가지는 전투 기술로서의 기능은 쇠퇴하게 되고, 건강이나 호신, 정신 수양 등의 목적을 위한 수단으로 무예의 성격이 변하게 된다. 그리고 특히 현대 사회에 들어오면서 간편하게 익힐 수 있는 맨손 기술이 더욱 활성화된다. 그 결과 가라테나 태권도 · 합기도 · 유도 등의 맨손 격투 기술이 성행하게 되었다. 그렇지만 역으로 이런 상황은 일반인들로 하여금 전통적인 무예의 실상을 이해하게 하는 데 걸림돌로 작용하기도 한다. 태권도나 택견 등을 통해 전통 시대의 무예를 이해하고자 할 때 맨손 격투 기술이 무예의 중심에 있다고 생각하기 쉽다. 하지만 시간을 조금만 거슬러 올라가 보면 맨손 격투 기술이 체육 활동의 중심으로 등장하게 된 것은 상당히 후대의 일이라는 것을 알 수 있다. 그런 점에서 전통적인 무예를 이해하기 위해서는 당대의 상황을 있는 그대로 이해하고자 하는 새로운 시각이 필요하다.

고대 전쟁과 무기, 무예

무예는 무기를 다루는 기술이다. 당연히 필연적으로 무기나 전쟁과 밀접한 관련을 가질 수밖에 없다. 화약 무기가 발달하기 이전인 고대 사회로 올라갈수록 전장(戰場)에서 무예의 비중이 커질 수밖에 없었다. 무예에 능한 무사 계층이 등장하고 전문적인 직업으로 자리잡게 되는 것도 다 이러한 이유에서였다. 왜냐하면 무예는 단시간에 습득이 불가능한 전문적인 기능에 속했기 때문이다. 본격적인 화약 무기가 전장에 도입되고 활성화되기 전까지 고대 전쟁의 모습은 어느 정도 정형화된 모습을 띠고 있다. 예컨대, 보병 · 기병 · 궁수 등은 고대 전쟁에서 등장하는 기본적인 구성 단위이다. 물론 이 안에서도 세부적으로 들어가면 더 나뉘겠지만 대체적으로 이러한 기본 구성을 벗어나지 않는다고 보면 된다.[2]

전쟁은 정치 · 경제 · 외교 등 온갖 수단과 전략 · 전술 · 무기 · 보급 · 훈련 등 제반 요소들이 적절히 조화되어야만 승리를 기대할 수 있다. 하지만 그 어느 경우라 하더라도 직접 싸워야 하는 보병 · 기병 · 궁수의 기

그림 2. 고대 군사들의 모습 기병과 보병, 부월수(斧鉞手) 등 다양한 병사들의 모습을 볼 수 있다. 고구려 고분벽화 안악 3호분 대행렬도(大行列圖)

본적인 요소들이 제 역할을 해주지 못하면 그 밖의 다른 요소들은 무용지물이 되고 만다. 단순하게 말한다면 전쟁의 승패는 우리 측 병사들이 얼마나 잘 싸우느냐에 달려 있다고 해도 과언이 아니다. 이런 상황은 몸과 몸이 맞부딪쳐 결판을 내야 하는 비율이 더 컸던 고대로 올라갈수록 강조될 수밖에 없다(그림 2).

2. 이희진, 『전쟁의 발견』, 319~332쪽, 동아시아, 2004.

그림 3. 동래부 순절도 고대 전투의 한 양상. 육군박물관 소장

보병이나 기병 · 궁수 등은 제각기 정해진 역할이 다르다. 예컨대 보병은 상대 병사들과 직접적으로 부딪쳐 싸워야 하며, 기병은 말의 기동력을 활용해 정찰 임무나 전투시 측면 공격을 하는 기병(奇兵) 등의 역할을 하게 된다. 또한 궁수는 상대에게 접근하지 않고 원거리에서 공격하거나 제지할 수 있는 레인지 어택(range attack)이 가능하기 때문에 보다 효율적으로 공격을 할 수 있다. 우리나라는 전통적으로 이 가운데 궁술의 비중이 매우 컸다. 산악과 강이 많은 지형적인 조건과 수성전(守城戰) 위주의 전쟁 방식으로 인해 상대적으로 보병과 기병보다는 궁술과 같은 원거리 무예가 발달했는데, 동명성왕이나 이성계 등이 활쏘기로 유명했던 것도 이러한 분위기와 무관하지 않다(그림 3).

요즘도 전쟁터가 최첨단 기술의 시험장이 되고 있다. 마찬가지로 전통 시대 역시 도구와 방식에서 차이가 있을 뿐 전쟁은 온갖 무기와 무예의 시험장이었다. 당연히 무예에 대한 연구와 교육이 국가로서도 가장 중요시해야 할 분야 중의 하나가 될 수밖에 없었다.

한민족의 활쏘기 수준에 대해서는 중국 측 문헌에도 잘 나타나 있다.

> 읍루 사람은 활을 잘 쏘아서 사람의 눈을 쏘아 꿰뚫을 수 있다. 활의 길이는 4척 정도나 되는데 그 힘이 쇠뇌와 같다. 화살대는 싸리나무를 쓰는데 그 길이는 1척 8촌이나 된다. 청석으로 화살촉을 만들고 촉에는 모두 독약을 바르므로 사람이 맞으면 즉사한다.[3]

활을 쏘아 사람의 눈을 맞혔다는 이야기는 고구려 장수인 양만춘의

3. 『후한서』 권85, 「동이열전」 제75.

일화에서도 알 수 있다. 양만춘은 안시성을 공격한 당태종의 눈을 화살로 맞혔다고 하는데 역시 활을 잘 쏜다는 것이 강조된 이야기이다. 특히 쇠뇌와 같이 강력한 활을 쏜다는 것은 그만큼 활을 다루는 사람들의 힘이 좋고 아울러 위력이 있다는 것을 나타낸다. 이 외에도 가락지를 걸어 놓고 활을 쏴 맞혔다는 기록도 있는 것으로 보아 활쏘기 수준이 상당하였다는 것은 의심할 여지가 없어 보인다. 활쏘기는 기병의 전술과 결합되면 기동력이 배가되어 더욱 위력을 발휘하게 된다. 활쏘기의 최대 단점은 원거리 공격이 가능한 대신 기동성이 떨어진다는 것인데, 기병이 활을 사용할 경우 이동하면서 공격할 수 있게 된다. 말을 타며 활을 쏘기 때문에 기동성이 배가되어 상대에게 좀더 근접하여 공격할 뿐 아니라 불시에 공격할 수 있다. 예로부터 기사(騎射)가 중시된 것도 이러한 이유에서였다. 고구려 고분 벽화에서 기사의 모습을 확인할 수 있다(그림 4).

그렇다고 우리나라에서 활이나 쇠뇌와 같은 원거리 무예만 중시한 것은 아니었다. 이러한 원거리 무기들이 위력적이고 또 전술상 중시되긴 했지만 역시 마찬가지로 창이나 검 등의 단병 무예도 중시되었다. 『후한서』「동이열전」에 이에 대한 기록이 보인다. 부여 사람들은 체격이 크고 (성품은) 굳세고 용감하며 활 · 화살 · 창 · 칼로 병기를 잘 사용했으며, 동옥저 사람들의 성질은 질박하고 정직하며 굳세고 용감한데 창을 잘 다루며 보전(步戰)을 잘하였다. 또 예(濊)에서는 길이가 3장이나 되는 창을 만들어 때로는 여러 사람이 함께 사용하기도 하였다고 한다.

이러한 경향은 정도의 차이가 있을 뿐 후대로 내려오면서도 여전히 지속되었다. 고구려나 백제 · 신라 혹은 이후의 고려나 조선 모두 무예에 대한 교육을 강조하지 않을 수 없었다. 각 국에서는 무예에 관한 전

그림 4. 고구려 고분 무용총의 수렵도 다양한 기사(騎射) 장면이 담겨 있다.

문 교육기관을 두거나 무과 제도 등을 통해서 무예를 장려했으며, 사회적으로도 이러한 상무(尙武)의 풍속이 진작되었다. 또한 단병 무예인 창 · 검 등의 무예는 전장에서 직접 상대와 부딪쳐 가며 싸워야 하는 기술로서 중요하였을 뿐 아니라, 동시에 담력을 증대시키는 활동으로도 중시되었다. 전투 현장은 삶과 죽음이 교차하는 급박한 상황이다. 인간이라면 누구나 공포심을 느끼기 마련이다. 이때 창 · 검과 같은 단병 무예의 훈련은 담력을 키워서 이러한 공포심을 극복할 수 있도록 도와준다. 그러나 무예에 대한 가장 근본적인 필요성은 다음의 언급에서 명확히 드러난다.

> 무예는 국가의 공적인 일에 동원되었기 때문에 하는 것이 아니라 너희들이 병사가 되어 마땅히 자신을 지키고 적을 죽이며 공을 세우기 위해서 해야 하는 것이다. 너희들의 무예가 높으면 결국 적을 죽이게 될 것인데 어찌 적이 너희들을 죽일 수 있겠는가? 만약 무예가 상대만 못하다면 결국 상대가 너희들을 죽이게 될 것이다. 만약 무예를 배우지 않는다면 이는 생명이 필요 없다는 것과 같다.[4]

전투에 나가 싸워야 하는 상황에서 무예는 공을 세우고 자신을 지키기 위해 필수적인 일이었다. 당연히 무예는 단순히 몸을 단련하는 기술 이상의 의미를 가질 수밖에 없다. 무예는 바로 생명과 직결된 심각한 기술이었던 것이다. 무예를 할 줄 안다는 것이 실제로 자신을 지킬 수 있는 매우 실용적이면서 근본적인 기술이 되는 상황에서 개인으로서도 무예를 소홀히 할 수 없었으며, 국가로서는 역시 더 나은 무예 기술 체계를 연구 개발하지 않을 수 없었다.

무예서 편찬과 무예 전승

무예 전수와 무예서 편찬

무예와 같이 몸으로 익히는 기술 체계는 몸과 몸이 부딪히는 직접적인 전수 과정을 통해서 전달될 수밖에 없다. 그렇지 않으면 무예의 원래

4. 『기효신서』(조선본), 권6, 「比較篇」.

의미가 왜곡되거나 훼손될 가능성이 많다. 게다가 무예는 목숨을 담보로 하여 상대와 겨뤄야 하는 기술 체계이니만큼 그만큼 정밀함을 요구한다. 당연히 무예를 책으로 익히는 것은 그래서 불가능한 것이다. 참고자료로 활용될 수는 있을지언정 직접적인 전수 없이 무예를 제대로 익히는 것은 불가능했다.

무예에서 출중한 기량을 나타내기 위해서는 타고난 신체적인 자질도 중요하지만, 다른 실기 종목들과 마찬가지로 훌륭한 선생을 모시고 배우는 것이 매우 중요했다. 그래서 여력이 있는 집안에서는 개인적으로 선생을 초빙해 자제들을 가르치게 하였다. 특히 세습직을 유지하던 장수(將帥)들이나 무관직의 경우는 이러한 현상이 매우 일반적이었다.

먼저 기본기와 기초 기술, 응용 기술 등을 익히고 나면 끊임없이 그러한 기술들을 시험해 봐야 한다. 무예는 일반 체육 종목처럼 일정한 규칙에 의해 점수를 따면 승부가 결정 나는 것이 아니라 한번 실패하면 곧 죽음을 의미했다. 당연히 일반적인 놀이나 경기보다 더 심각하게 접근하지 않을 수 없었다. 이러한 무예의 심각성은 그것이 요구되는 상황 속에서 끊임없이 점검되고 시험되어야만 정상적으로 전수된다. 이때 가장 중요한 것은 먼저 배워야 하며(개인적 차원의 전수) 다음에는 그러한 기술 체계가 이루어지는 장(場)에 속해 있으면서 끊임없이 교류하면서[집단 문화로서 대련(對鍊)과 시험을 통한 몸의 커뮤니케이션] 무예 전통을 공유해야 하는 것이다. 그래서 기본적으로는 스승과 제자, 혹은 교사와 학생 관계처럼 직접적인 지도 과정을 통해 전수되고 동시에 수련 공동체 안에서 끊임없이 교류해야만 한다. 그렇지 않으면 올바른 전수가 이루어지지 않게 된다.

하지만 이러한 직접적인 전수가 가장 중요하긴 해도 역시 무예 전수

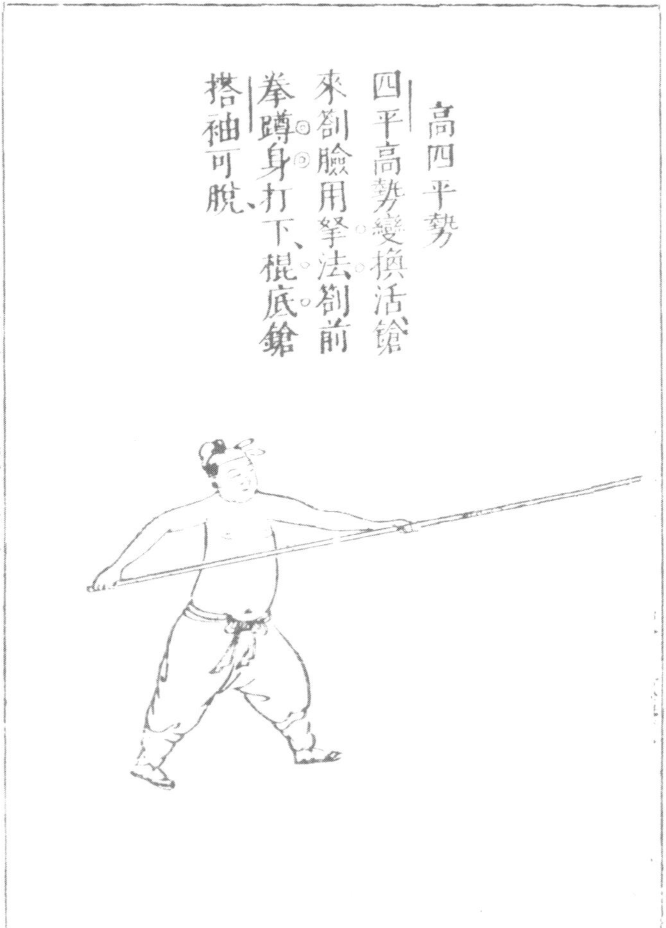
高四平勢
四平高勢變換活鎗
來劄臉用拏法、劄前
拳蹲身打下、棍底鎗
搭袖可脫、

그림 5. 『무비지』의 한 페이지 『무비지』는 『무예도보통지』 편찬의 참고 자료 가운데 하나였다.

의 보조적인 역할을 할 수 있는 매개물들이 사용되는 것은 필연적이다. 오늘날에는 이러한 매개가 단순히 문자나 그림의 기록인 책에서 벗어나 비디오나 CD, DVD 등의 광학 매체에까지 확장되었지만 전통적으로 무예 전승에 사용된 가장 기본적인 보조 수단은 역시 책이었다(그림 5).

무예의 이론과 실기에 대해서 구체적으로 기록해 놓음으로써 단순히 구전심수에만 의존하지 않고 중요한 내용을 보다 확실하게 기억하게 하고 이론화하고 체계화하여 반복적으로 구현하는 데 도움이 되었다. 이런 무예서의 기록 혹은 편찬은 상당히 오래 전부터 시작되었다. 처음에는 약간의 요점을 노래 형식[歌訣]으로 정리해 기억하기 쉽도록 하는 방식으로 시작되었지만 시간이 흐르면서 좀더 자세하면서도 정교하게 인간의 몸과 움직임, 공방의 원리 등에 대해서 기록하게 되었다. 게다가 그림이 첨부되면서 무예서는 한층 더 효율적인 기록 방식이 되었다.

무예서를 편찬함으로써 얻게 되는 이점은 다음과 같은 것들이 있다.

첫째, 무예에 대한 표준을 확립할 수 있다. 스승과 제자, 혹은 교사와 학생 사이의 직접적인 전수에 의해 무예 교습이 이루어지더라도 시간이 지남에 따라 개인의 체질적인 조건이나 잘못된 습관에 의해 변형이 생기기 쉽다. 이때 무예서는 각 동작이나 기법에 대해 정확히 기록하고 있으므로 이를 참고하여 수정할 수 있도록 함으로써 동작이나 의미의 변형을 막도록 하는 데 도움이 된다. 특히, 표준화된 동작의 훈련이 중시되는 군대에서는 무예서가 더더욱 중요하다.

둘째, 무과의 실기 시험 기준을 잡을 수 있다. 실기 시험에서 가장 중요한 것은 객관적인 기준을 마련하는 것인데, 무예서에서 제시하는 동작의 기준이 실기 시험에 활용될 수 있다. 시험관마다 다른 관점이나 기준을 가질 경우 채점의 공정성이 훼손되고, 응시자들도 시험 결과에 승복하기 힘든 상황이 생기게 된다. 무예서는 이런 폐단을 막을 수 있도록 채점 기준을 사전에 제시해 준다.

셋째, 무예의 이론과 실기에 대한 기록을 통해 기술을 반복하여 구현할 수 있도록 한다. 무예 기술은 몸으로 구사하는 것이기 때문에 일회적인 동작으로 끝나기 쉽다. 하지만 무예서의 기록은 기술의 실제적인 모습을 보여줌으로써 반복의 여지를 만들어 주고, 같은 무예 공동체 안에서 커뮤니케이션할 수 있는 기회를 제공한다. 시행착오를 최대한 줄이고 원래의 목적을 달성할 수 있도록 하는 교과서의 역할이 무예서의 가장 중요한 기능 가운데 하나라고 할 수 있을 것이다.

우리나라 무예서 편찬의 역사

우리나라에서도 오래 전부터 무예가 널리 활성화되어 왔지만 무예의 실상을 기록으로 남기고 있는 무예서는 1598년 편찬된 『무예제보(武藝諸譜)』가 최초이다. 『무예제보』 이후 『권보(拳譜)』(1604), 『무예제보번역속집』(1610), 『무예신보(武藝新譜)』(1759) 등이 편찬되는데, 이러한 무예서는 1790년 『무예도보통지』에서 완성된다. 『무예도보통지』는 우리나라 단병 무예의 최종판인 셈이다(그림 6).[5]

『무예제보』에는 곤봉(棍棒) · 등패(籐牌) · 낭선(狼筅) · 장창(長槍) · 당파(鐺鈀) · 장도(長刀)의 6기가 수록되어 있다. 이들 무예는 임진왜란 때 가장 시급히 정리해야 할 무예들로서, 12명이 하나의 대형을 이루어 싸우는 원앙진을 구성하는 무예들을 수록하고 있다. 이어 1604년에는 권

5. 단병 무예 외에도 쇠뇌와 활과 같이 원거리 무예에 대한 무예서도 남아 있는데, 1727년 가선대부 변진영에 의해서 편찬된 『노해(弩解)』와 1799년 편찬된 것으로 추정되는 활쏘기에 대한 이론과 실기를 담고 있는 편자 미상의 『사법비전공하(射法秘傳攻瑕)』가 있다.

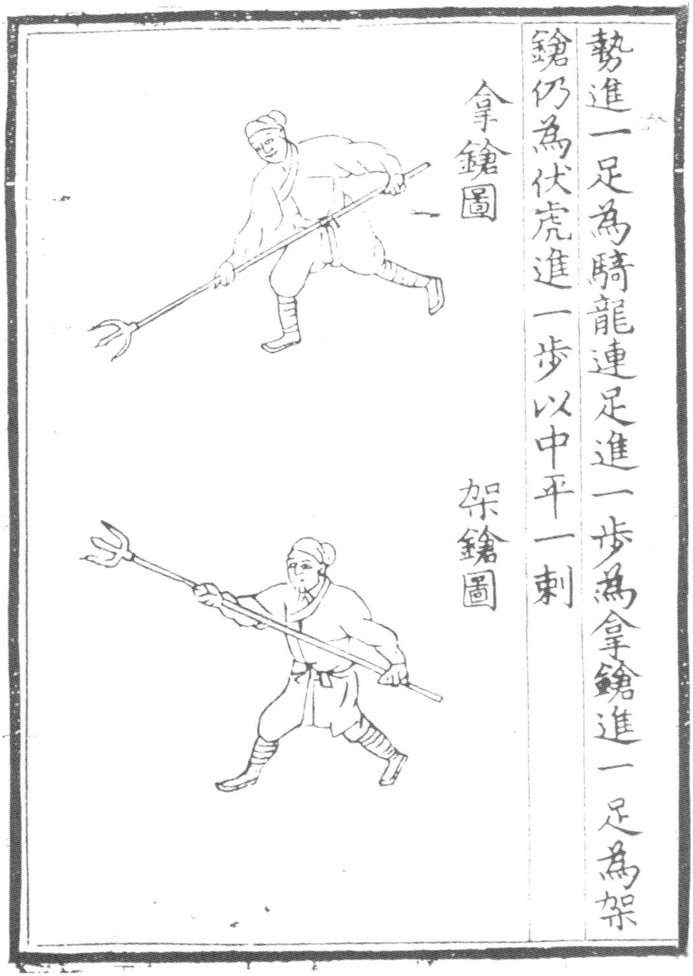

勢進一足為騎龍連足進一步為拿鎗進一足為架
鎗仍為伏虎進一步以中平一刺

拿鎗圖

架鎗圖

그림 6. 『무예제보』의 한 페이지 1598년 편찬된 우리나라 최초의 단병 무예서이다.

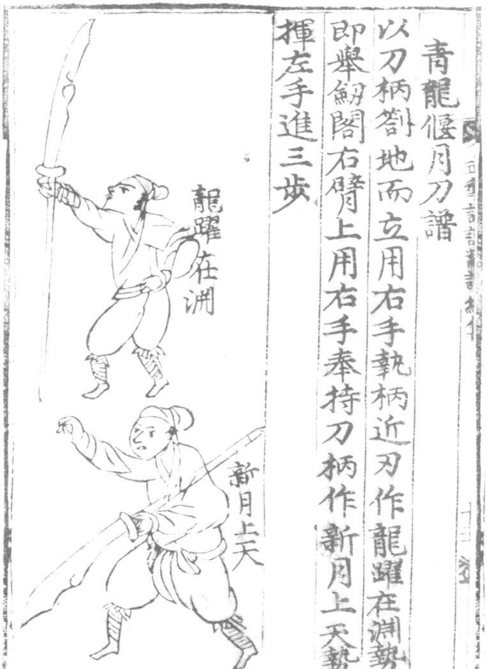
青龍偃月刀譜

以刀柄劃地而立用右手執柄近刃作龍躍在淵勢

即舉劍閣右臂上用右手奉持刀柄作新月上天勢

揮左手進三步

그림 7. 『무예제보번역속집』의 한 페이지

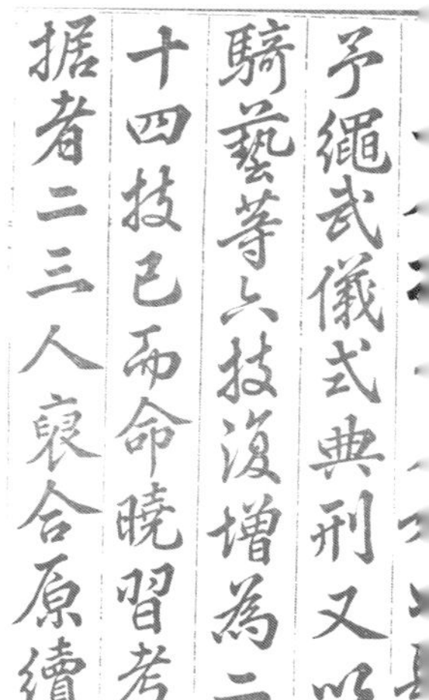
予繩武儀式典刑又以

騎藝等六技復增為二

十四技已而命曉習考

据者二三人裒合原續

그림 8. 『무예도보통지』 서문에서 정조
팔기(十八技)' 라는 명칭의 유래를 분명하
고 있다.

법에 대한 내용을 담고 있는 『권보』가 편찬되었다. 1610년에는 『무예제보번역속집』이 편찬되는데, 여기에는 권법(拳法) · 청룡언월도(靑龍偃月刀) · 협도곤(夾刀棍) · 구창(鉤槍) · 곤봉 · 왜검(倭劍)이 수록된다. 이들 무예는 임진왜란 이후 북방의 후금의 위협이 증가되는 상황에서 정리된 무예들로 마상에서 운용하는 무예인 청룡언월도와 기병에 대항하기 위한 협도곤 · 구창 · 곤봉 그리고 왜구를 상대하기 위한 검법을 수록하고 있다(그림 7).

1759년에는 사도세자에 의해 이전의 무예들을 총 정리한 『무예신보』가 편찬되는데, 『무예신보』에서 정리된 '십팔기(十八技)'는 당시까지 전래되던 우리 무예를 종합한 것이다. 하지만 『무예신보』는 현재 전하지 않고 있으며, 이후 1790년 편찬된 『무예도보통지』를 통하여 그 내용을 추정할 수 있다. 『무예도보통지』는 이전 『무예신보』의 십팔기와 십팔기의 마상 응용 종목인 마상쌍검 · 마상월도 · 마상편곤 · 기창(騎槍)의 마상 4기와 마상재 · 격구를 추가하여 싣고 있다(그림 8).

선조에서부터 정조에 이르는 200여 년의 기간을 거치면서 편찬된 『무예도보통지』는 여러 가지 면에서 이전의 무예서들과 전혀 다른 새로운 무예서라고 할 수 있다. 『무예도보통지』가 지닌 특징을 몇 가지로 나눠 살펴보면 다음과 같다. 우선 『무예도보통지』는 우리 무예와 중국 · 일본의 무예 사이의 차이를 명확히 구별하고 있다. 무예의 연원을 밝히고 이들이 어떻게 전해졌는지에 대해서 설명함으로써 이를 명확히 한 것, 또 각 무예를 설명하기에 앞서 중국 · 일본의 무기와 조선의 무기를 대조해서 보여줌으로써 그 차이를 밝힌 것 등은 모두 이러한 의도에서 시도된 것이다. 또한 무예의 개별 동작에 대한 설명뿐 아니라 이들 동작 전체를 연결하고 있는 총보(總譜)와 총도(總圖)를 함께 수록함으로써 전체적인 움직임을 이해하기 쉽도록 하고 있다. 특히 도판에서 백리척(百里尺)을 활용함으로써 상대적인 비율을 고려하여 이해할 수 있도록 하고 있는 것도 이전의 어떤 무예서에서도 시도되지 않은 독창적인 방법이라고 할 수 있다.

세 번째로 『무예도보통지』는 이전의 무예 성과를 총정리 · 집대성하고 있다. 국가적인 사업으로 진행된 『무예도보통지』 편찬 작업은 조선의 르네상스를 이끌었던 영 · 정조 시대의 문화적 성취를 그대로 반영하고 있다. 중국이나 일본의 무술도 창조적으로 수용하여 한국의 무예로 승화시킨 결정체가 바로 『무예도보통지』인 것이다. 이는 전래의 모든 무예를 종합하겠다는 의지의 반영이었다.

네 번째로 『무예도보통지』는 이전의 무예서와는 다른 독특한 무예 분류를 제시하고 있다. 자(刺, 찌르기) · 감(砍, 찍어 베기) · 격(擊, 치기)에 의한 분류는 『무예도보통지』 이전의 분류와는 전혀 다른 무예 분류 양식이다. 이전에는 대개 무예가 미치는 범위에 따라 장병(長兵)과 단병(短兵)으로 분류하는 것이 일반적이었다. 하지만 이러한 이전의 장병과 단병의 분류는 화약 무기가 발달하게 되면서 필연적으로 바뀌지 않을 수 없었다. 예컨대, 장창과 같은 무기가 이전에는 장병으로 분류되었지만 『무예도보통지』가 편찬될 당시에는 화기에 대해서 상대적으로 단병으로 분류될 수밖에 없었다. 『무예도보통지』 무예는 화기와 함께 상호 보완적으로 사용하는 '단병 무예' 에 대한 종합적인 정리로 단병에 대한 새로운 분류 체계의 필요성에 의해 자 · 감 · 격의 분류 방식을 사용하였다(표 1).

『무예도보통지』 편찬 이후 전통적인 무예는 근대적인 무기 체계의 도입과 전투 환경의 변화로 점점 더 전투 기술로서의 기능이 감소하게 된다. 따라서 국가의 공식적인 무예서 편찬 작업은 『무예도보통지』를 끝으로 더이상 이루어지지 않는다.

표 1. 『무예도보통지』의 구성

구　성	분류 기준	내　용
卷首		범례, 병기총서, 척모사실, 기예질의, 인용서목
卷 1	찌르기[刺]	장창, 죽장창, 기창(旗槍), 당파, 기창(騎槍), 낭선
卷 2	찍어 베기[砍]	쌍수도, 예도, 왜검, 교전
卷 3		제독검, 본국검, 쌍검, 마상쌍검, 월도, 마상월도, 협도, 등패
卷 4	치기[擊]	권법, 곤봉, 편곤, 마상편곤, 격구, 마상재

* 자(刺, 찌르기) · 감(砍, 찍어 베기) · 격(擊, 치기)의 분류를 따르고 있다.

고대 무예의 종합-십팔기(十八技)

우리나라에서 전래되는 대표적인 무예로는 활쏘기 · 창술 · 검술 · 기마술 등의 병장 무예와 맨손 격투 기술로 수박과 각저 등을 들 수 있다. 시대적으로 변화를 겪기는 했지만 이러한 기조는 조선 후기까지 일관되게 지속되었다. 그런데 이런 무예들이 체계적으로 정리되지는 못했다. 일반 백성들의 경우 깊이 있는 무예 지식을 접하는 데 아무래도 한계가 있기 마련이었으며, 무예를 전문으로 하는 계층의 경우도 무예가 가지는 특성상 구전심수(口傳心授)에 의한 직접적인 전수가 좀더 비중이 컸기 때문이었다.

하지만 임진왜란 · 병자호란 등 큰 전쟁을 치르면서 무예에 대한 국가적인 정리 작업의 필요성이 대두된다. 이때는 이미 무예가 화약 무기와 전술적으로 함께 운용되어야 했으므로 전통적인 무예의 형태만으로는 당시의 급변하는 전장의 상황에 적응할 수 없었다. 임진왜란의 경우 일본은 전통적으로 장기로 삼고 있는 왜검술에 조총을 함께 운용함으로써 전술적으로 우리나라를 압도하였다. 일본이 조총을 사용하기 전에는 화약 무기와 궁술 등에서 우위에 있었던 우리나라가 전술적으로 앞서 있었지만 임진왜란 때는 이러한 전술적 우위가 무너지게 된다. 또한 후금의 위협이 커지면서 이들의 주력 부대인 기병에 대항할 수 있는 무예를 정리하는 것도 주된 과제가 되었다. 조선 정부는 남쪽으로는 일본의 조총과 왜검술에 대항할 수 있는 무예를, 그리고 북쪽으로는 후금이나 청 등의 주력 부대인 기병을 상대하기 위한 무예들에 대한 대대적인 정비와 정리 작업의 필요성을 절감하게 된다.

이런 과정에서 정리된 한국의 무예가 바로 '십팔기'이다. 십팔기는 단 시일에 정리된 것이 아니라 먼저 오랜 기간을 거치면서 고대로부터 전래되는 무예와 전쟁을 통해 새로이 입수한 무예 등을 정리하면서 이루어졌다. 1598년 등패 · 낭선 · 장창 · 당파 · 곤봉 · 장도의 6기가 정리되고, 이후 1610년 권법 · 청룡언월도 · 협도곤 · 구창 · 왜검이 정리된다. 1759년에는 사도세자의 노력에 의해서 이전의 무예들을 모두 18가지로 정리하게 되는데, 이것이 바로 조선의 공식 무예인 '십팔기'이다. 또 1790년 편찬된 『무예도보통지』는 이전 성과의 바탕 위에서 십팔기를 마상에서 응용하는 마상 무예 4기(기창 · 마상월도 · 마상쌍검 · 마상편곤)와 마상재 · 격구를 추가하여 정리하고 있다.

십팔기는 이전의 고유한 무예 전통 위에서 당대 중국이나 일본의 무예를 창조적으로 수용하여 한국화한 종합 무예라고 할 수 있다. 중국이나 일본에서도 국가적인 차원에서 이렇게 무예를 집대성한 예는 찾아보기 힘들다. 대개는 개인의 기록에 의존하고 있으며 그마저도 단편적인 경우가 많다. 또 무예에 관한 명칭들이 남아 있기는 하지만 그 실체는 전하지 않는 경우도 많다. 오히려 중국이나 일본에서도 고대 무예의 실상을 제대로 보고자 한다면 십팔기를 통해서 역으로 자신들의 무예를 찾아가야 할 정도이다. 무예의 기록이라는 측면에서도 십팔기는 동양 무예의 집대성이라고 말할 수 있다.

십팔기가 가지는 주목할 만한 무예로서의 성격을 다음과 같이 정리할 수 있다.

먼저 십팔기는 한국의 무예 전통을 계승하고 있다는 것이다. 임진왜란을 계기로 정리된 육기(곤봉 · 등패 · 낭선 · 장창 · 당파 · 장도)에서 시작해 북방 기마 민족의 침입에 대비한 무예와 무예 수련에 입문하기 위한 기초 기술로서 권법을 수록하고 있는 『무예제보번역속집』을 거쳐 이전의 무예들을 모두 18가지로 정리한 『무예신보』를 통해 완성된 십팔기는 어느 한순간에 급조된 것이 아니라 약 200여 년에 걸쳐 지속적으로 정리되고 보완되면서 점진적으로 완성된 무예이다. 특히 화랑에서 그 기원을 찾고 있는 '본국검'이나 우리나라의 고대 검법의 원형이며 중국이나 일본 등에 크게 영향을 끼친 '조선세법'[6]과 같은 무예들은 우리 무예의 자부심을 대내외에 과시하고자 하는 의도를 다분히 담고 있다.

다음으로 십팔기는 우리나라 전통 무예의 완결판이라는 것이다. 전통적인 무예들은 시대적으로 무기나 전술의 발달에 따라 변화하게 마련이다. 일반적으로 무예는 공격 범위에 따라 원거리 무예[장병]와 근거리 무예[단병]로 나눌 수 있는데, 십팔기는 화약 무기[장병]에 상대되는 단병 무예들로 구성되어 있다. 특히 찍어 베는 무예의 비중이 아주 컸는데, 이는 최종적으로 전투의 승패를 결정짓는 무예였기 때문이다. 화기나 궁시와 같은 원거리 무예는 전투 초기에 중요하지만 결국 승패는 찍어 베는 무예를 사용하는 근접전에서 결판나게 된다. 또 찍어 베는 무예는 사람의 마음을 강인하게 만들었으므로 중시되었다. 상대와 대결해 직접 죽여야만 하는 상황에서 죽음에 대한 두려움과 공포는 인간이면 누구나 느끼는 것이다. 찍어 베는 무예는 담력을 키워 줌으로써 이러한

6. 『무예도보통지』에서는 조선세법(朝鮮勢法)을 '예도(銳刀)'로 표현하고 있다.

상황에서 제대로 실력을 발휘할 수 있도록 해주었다. 십팔기는 바로 화약 무기와 짝을 이뤄 사용되는 단병 무예의 최종 완결판이었다.

다음 장에서는 십팔기 이전에 존재했던 우리의 고대 무예 가운데 대표적인 것들을 살펴보고 이러한 무예 전통이 어떻게 십팔기로 계승되는지에 대해서 알아보기로 한다.

II.
고대의 무예

병장 무예

맨손 격투 기술

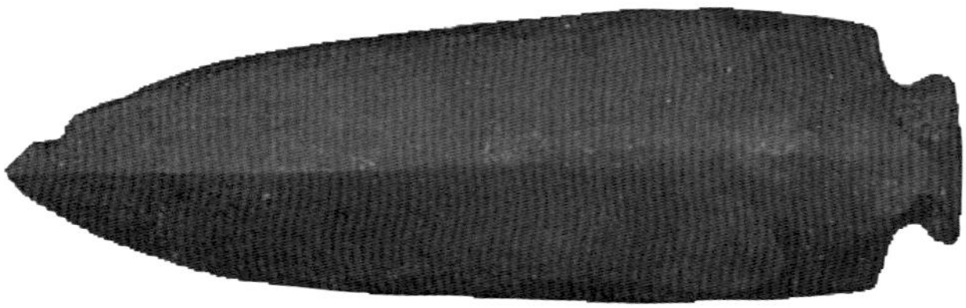

그림 9. 석창 국립광주박물관 소장

병장 무예

창술(槍術)

창은 원시 시대부터 사용된 대표적인 무기 가운데 하나이다. 본래는 나무의 끝을 뾰족하게 갈아서 사용하던 것에서 시작해 차츰 석제나 청동·철 등의 재료가 개발됨에 따라 창두(槍頭)의 재료가 바뀌게 되었다. 창은 가장 단순한 형태의 무기 가운데 하나로 달려 들어가는 힘이나 뻗어내는 힘을 이용해 상대의 급소를 공격하는데, 단순하면서 원시적이지만 매우 위력적이어서 가장 오랫동안 사용되어 온 무기 가운데 하나이다.

우리나라에서는 타제 석창과 마제 석창이 다수 발견되는 것으로 보아 이미 구석기와 신석기 시대부터 창이 사용되었다는 것을 알 수 있다(그림 9). 후대로 내려오면서 청동과 철로 창두(槍頭)가 대체되는데, 삼국시대의 고분에서 출토되는 유물이나 벽화에 등장하는 창의 모습을 통해 창이 무기로서 매우 대중적이었음을 알 수 있다.

창은 크게 창 머리, 창 자루, 창 끝의 세 부분으로 이루어졌다. 창두는 여러 가지 모양이 있는데, 일반적으로는 창두의 모양이 검 모양으로 생긴 검신형, 날카로운 송곳 모양의 방추형·이등변삼각형·버들잎형 등이 있다. 이 밖에도 창 끝이 두 갈래로 갈라지거나 세 갈래로 갈라진 것도 있다. 창 자루는 대개 나무로 제작이 되지만 철제로 된 창 자루를 사용하기도 하였다. 창 끝은 보통 철준(鐵鐏: 창 고리)이라고 하는 둥글고 뾰족하게 생긴 원추 모양 모자를 씌워 창 자루 끝을 보호하거나 유사시 무기로 대용하기도 한다. 창의 길이는 고고학적 유물을 통해 유추할 수밖에 없는데, 경주 식리총(飾履塚)에서 창두와 창 자루 끝에 붙이는 고리의 거리가 약 3m에 이르는 것으로 보아 삼국시대의 창은 약 3m 정도였음을 알 수 있다.[7]

우리 민족이 창을 잘 사용하였다는 것은 기록을 통해서 알 수 있다. 『후한서』「동이열전」에는 부여인들이 활 · 화살 · 칼 · 창으로 무기를 삼았으며, 보전(步戰)을 잘했다고 기록하고 있다. 동옥저인들에 대한 설명에서도 역시 성질이 질박하고 정직하며 굳세고 용감하며 창을 잘 다루고 보전을 잘한다고 하였다. 특히 예(濊) 사람들은 보전에 능숙하며, 3장이나 되는 창을 만들어 여러 사람이 함께 잡고 사용했다고 하여 창술이 매우 뛰어났음을 보여주고 있다.

창은 삼국시대에 들어서도 가장 일반적이며 기본적인 무기였는데, 역시 고분들에서 발견되는 상당수의 창 유물을 통해서 이를 확인할 수 있다. 고구려 · 백제 · 신라 · 가야 등 고대 국가들에서는 이등변삼각형 · 버들잎형 · 검신형 · 방추형 · '산(山)' 자형의 삼지창 등의 창두 모양을 가진 창들이 사용되었다. 이러한 창들은 특히 중국의 창과는 매우 다른 특징을 가지는데, 무엇보다도 우리나라에서 사용된 창의 공통적인 특징은 날의 폭이 좁다는 데 있다. 이는 고조선의 좁은 놋창에서 유래된 것으로 이후 조선 시대의 창에서도 이러한 창두 모양이 계승되고 있는 것으로 보아 우

7. 김기웅, 『무기와 화약』, 세종대왕기념사업회, 128쪽, 2000.

그림 10. 고구려 고분 벽화 삼실총에 등장하는 중무장 기병의 기창 교전 모습

리 민족의 독특한 특징이라고 할 수 있다.[8]

창은 보병뿐 아니라 기병들에게도 매우 중요한 무기로서 창의 관통력과 말의 기동력이 결합됨으로써 그 위력은 더욱 배가된다. 특히 삼국시대 이전부터 사용된 기창(騎槍)은 북방의 기마 민족의 전통에서 내려온 것으로 우리나라에서도 매우 중요한 무예 가운데 하나였다. 고구려 고분 벽화에서도 중무장한 기창수와 기창 교전 등의 모습을 확인할 수 있다. 기창은 고려를 거쳐 조선 후기까지 전통적으로 매우 중요한 무예로서 조선 시대에는 무과 시취 과목으로 편성되어 널리 장려되었는데, 『무예도보통지』에서도 같은 이름으로 그 기예가 계승되고 있다(그림 10).

8. 『무예도보통지』 권1의 「장창」을 보면 조선식 창과 중국식 창의 대조 그림에서 창두(槍頭)의 모양에서 확실히 차이가 나는 것을 쉽게 확인할 수 있다.

그림 11. 삼루환두대도 나주 복암리 3호묘 7호 석실. 국립광주박물관 소장

검술(劍術)

검술은 일반적으로 칼이라고 하는 날카로운 무기를 다루는 기술을 말한다. 보통 칼날이 한쪽에만 있는 것을 도(刀)라 하고 양쪽에 날이 있는 것을 검(劍)이라고 한다. 이러한 칼은 고고학적인 유물이 상당히 많이 남아 있는 것으로 보아 매우 보편적으로 사용되었던 도구이자 무기였을 것으로 추정된다.

고대로 올라갈수록 검이 많이 발견되고 후대로 내려올수록 도가 많이 발견되는데, 『무예도보통지』에서는 이러한 차이를 무기로서 예리하고 둔함 때문이 아니라 습속이 바뀌면서 그렇게 된 것으로 보고 있다.[9] 하지만 제련 기술이 발달하면서 곡선이 가미된 도를 만들 수 있게 된 것도 도를 선호하게 된 이유가 된다. 게다가 도는 한쪽에만 날이 있어 베는데 검보다 유리하며 도척[도신(刀身)의 두툼한 등 부분]이 있어 검보다 내구성이 뛰어나며 다른 한 손으로 도척을 받치고 밀어 막을 수도 있어서 사용면에서도 유리한 점이 많았다.

삼국시대의 대표적인 유물로는 칼자루 끝에 둥근 고리가 달린 환두대도(鐶頭大刀)가 있다. 환두대도는 고구려에서 시작되어 차츰 백제 · 신라 그리고 일본으로 전파되었는데, 그 길이는 다소 차이가 있지만 전체 길이가 대개 80~100cm에 이른다. 환두대도의 고리는 끈을 달아 손목에 묶어 사용함으로써 칼을 놓치는 것을 방지하고, 칼 전체의 무게를 조절하는 역할을 했을 것으로 보인다. 나중에는 장식적인 요소도 가미되어 신분을 나타내는 증표의 구실도 했다(그림 11, 그림 12).

9. 『무예도보통지』 권2, 「예도조」.

검에 관한 유물이 많이 남아 있는 반면 검의 사용에 관한 구체적인 방법에 대한 것은 조선 시대 이전 것은 찾아보기가 힘들다. 하지만 당시에는 다른 여타 무기와 더불어 검의 사용이 일반적이었던 것으로 보아 여러 기록들에서 검술에 대한 편린을 찾을 수 있다.

신라의 화랑들이 검술을 수련했다고 하는 것은 여러 기사들을 통해서 확인할 수 있다. 『삼국유사』에서는 김유신이 검을 수련해 나이 열여덟 살 되던 해에 그 기예를 얻어 국선(國仙)이 되었다는 기사가 보인다.[10] 이 시기 여러 기사들을 살펴보면 대개 16~18세의 나이에 기사와 말타기 등의 무예에 출중했다는 것이 공통적으로 발견되는데, 당시에는 매우 어린 나이 때부터 무예를 수련했음을 알 수 있다. 검술도 마찬가지였을 것이다. 당시는 전쟁이 일반화되어 있었고 무사 또는 무인이 사회적으로 인정을 받는 명예로운 직위였기에 장려되었다. 또한 고구려의 연개소문은 몸에 다섯 자루의 칼을 차고 다녔다고 하는데,[11] 이것 역시 위엄을 드러내기 위한 것이었겠지만 검술과 무관하지 않았을 것이다. 취도나 흠운과 같은 신라의 무사들이 칼 등의 무기를 가지고 싸우다 장렬하게 전사하였다는 내용에서 볼 수 있듯이 검이 매우 일반적인 무예 가운데 하나였음을 알 수 있다.[12]

고려 시대에는 검에 관해 남아 있는 유물이나 기록이 적어 구체적인 검술의 모습을 알 수 없지만 전대인 삼국시대의 연장선상에서 발전했을 것이다. 특히 무인의 위상이 그 어느 때보다도 높았던 당시 상황은 무예를 더욱 진작시켰을 것이다.

10. 『삼국유사』 권1, 기이 1 「김유신」.
11. 『삼국사기』 권49, 열전 9 「개소문」.
12. 『삼국사기』 권47, 열전 7 「취도」, 「김흠운」.

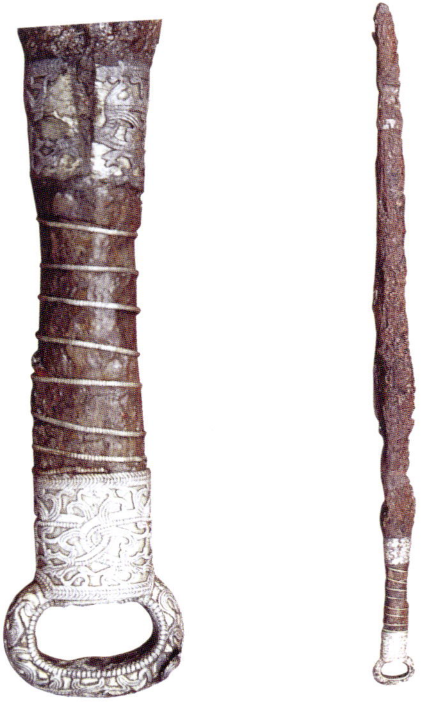

그림 12. 용문장환두대도　국립경상대학교박물관 소장

단편적인 기사이긴 하지만 고려 후기 문신이었던 김봉모(金鳳毛)의 일화는 고려 시대 문신도 역시 검을 잘 다뤘다는 것을 보여준다.[13] 명종 때 남쪽 지역의 변란을 평정하러 내려갔다가 병마녹사 이인정이 말에서 떨어져 이를 구하는 와중에 분연히 검을 사용해 적의 기병의 포위를 벗어났다고 하는데, 이는 그가 문신이면서도 상당한 수준의 검술을 터득하였음을 보여준다. 이 외에 검을 잘 쓴 사람으로 밀직부사였던 배정지(裴廷芝)가 있다. 원나라의 반란군이었던 합단(哈丹)이 고려를 쳐들어왔을 때 이를 토벌하러 간 배정지가 칼을 빼들고 말을 달려 가는 곳마다 적들을 모두 쓰러트렸다고 하는 기록[14]이 있는데, 역시 검술에 매우 뛰어났음을 알 수 있다.

조선 시대에 들어서면서 검은 상대적으로 소홀하게 취급되는데, 이는 조선 전기에는 병사들의 집중과 분산 등 진법(陣法)의 운용을 중시하는 전법을 위주로 하였기 때문이다. 게다가 고려 시대 이후로 발달한 대포와 같은 화기의 사용도 검과 같은 단병기를 소홀히하는 계기가 되었다. 게다가 주된 외침이 북방 이민족에 의해 이루어졌기 때문에 이에 대한 대비로 화약 무기나 활쏘기와 같은 원거리 무예와 기동성을 갖춘 기창과 같은 기병 전술이 중시되었다. 물론 전술적인 차원에서 그러했다는 것이지 병기로서의 검술이 완전히 무시될 수는 없었다. 왜냐하면 창이나 활과 같은 무예를 구사하더라도 검을 패용하고 있었는데, 이는 마지막 순간의 근접전에서는 반드시 검을 사용할 수밖에 없었기 때문이다. 게다가 호신용으로도 검은 필수적인 무기였다.

13. 김용선 편, 「김봉모묘지명」『고려묘지명집성』, 한림대학교 아시아문화연구소, 2001.
14. 『동국통감』 권43, 고려기, 충숙왕 9년.

특히 조선에서는 왜검에 대해 지속적인 관심을 가지고 있었는데, 해안 지방을 약탈하는 왜구의 잦은 습격이 원인이었다. 왜구의 검술은 매우 위협적이어서 조선은 이에 대비를 할 필요가 있었다. 조선에 투항한 왜구나 포로로 잡힌 왜구 가운데 검법이 뛰어난 자들에게서 왜검술을 습득하거나 혹은 직접 배워오는 등의 조치를 통해 왜검에 대한 대비를 하였는데, 이는 훗날 무예서 편찬의 중요 내용이 되기도 한다.

조선에서 검법의 전술적 가치를 다시 깨닫고 국가적인 차원에서 정리와 보급이 이루어지게 되는 것은 임진왜란이 계기가 된다. 우리의 전통적인 검법은 십팔기가 정립되면서 본국검 · 예도 · 월도 · 협도 · 쌍검 등으로 정리된다.

궁술(弓術)

활쏘기[궁술]는 활에 화살을 메겨 쏘는 무예로 그 기원은 멀리 구석기 시대까지 거슬러 올라간다. 활은 활채의 크기에 따라 장궁(長弓)과 단궁(短弓)으로 나뉘고, 사용된 재료에 따라 나무나 대나무로 만들어진 단순궁과 나무와 뼈, 동물의 심줄 등을 사용하여 만든 복합궁으로 나뉜다. 우리나라의 활은 단궁이면서 복합궁이다. 반면 일본의 활은 장궁이면서 단순궁이다. 우리나라의 활이 일본의 활보다는 사정거리가 길고 성능이 뛰어나다(그림 13).

활쏘기가 한민족의 장기 가운데 하나였다는 것은 여러 기록을 통해서 확인할 수 있다. 한민족을 동이(東夷)라고 부르는데, 여기에서 이(夷)는 큰 활[大+弓]이라는 의미로 큰 활을 잘 다루는 민족이라는 뜻이다. 고구려의 시조인 동명성왕의 이름이 주몽(朱蒙)이었는데, 이는 부여말로 활을

그림 13. 활, 화살, 화살통 국립중앙박물관 소장(진박 200801-001)

잘 쏜다는 뜻이었다. 온조왕 역시 활을 잘 쏘았으며,[15] 후대 조선의 이성계 역시 활을 잘 쏘아 이름을 날렸는데, 역대 왕들이 이렇게 활을 잘 쏘았던 것은 한민족의 천부적인 활쏘기 능력과 무관하지 않다.

활쏘기에 사용되는 활은 여러 종류가 있는데, 정량궁(正兩弓)은 큰활이라고 하며, 5척 5촌으로 무과에서 사용하였으므로 모든 무인은 이 활을 쏠 수 있어야만 했다. 예궁(禮弓)은 궁중 의식에 사용하였다. 목궁은 나무로 제작된 활로 전투와 수렵에 사용되었다. 철궁은 철제 활로 전투용으로 사용되었다. 철태궁(鐵胎弓)은 각궁과 같은 모양으로 각 부분을 철로 제작한 활인데 전투와 수렵에 사용되었다. 고각궁은 동개활로 기사용으로 사용되었다. 각궁은 현재 사용되는 국궁용 활로 전투나 수렵, 연회 연습 등에 사용하였다. 화살에는 목전(木箭)·철전(鐵箭)·장전(長箭)·아량(亞兩)·편전(片箭)·동개살·장군전(將軍箭)·세전(細箭)·유엽전(柳葉箭) 등이 있다.

우리나라에서 활쏘기는 전술적인 이유로 매우 중시되었다. 산악이 많고 수성전(守城戰) 위주의 전투를 선호하였던 한민족에게 활쏘기만큼 효과적인 무예는 없었다. 왜냐하면 활은 먼 거리에서 적이 접근하기 전에 제압할 수 있는 무예였으므로 아군의 손실을 최소화하면서 상대에게 큰 타격을 미칠 수 있었기 때문이었다. 이러한 원거리 무예로는 활뿐 아니라 쇠뇌[弩]가 있었다. 쇠뇌는 기계적인 장치를 통하여 일반적인 활보다 훨씬 더 먼 거리의 적을 제압할 수 있는 무기였다. 특히 쇠뇌는 활보다 제작하기가 힘든 대신 사용하는 데는 활만큼 많은 수련 기간을 필요로 하지 않기 때문에 더욱 선호되었다. 한민족의 쇠뇌는 그 성능이 매우

15. 『삼국유사』 권2, 기이 제2 남부여, 전(前) 백제 북부여.

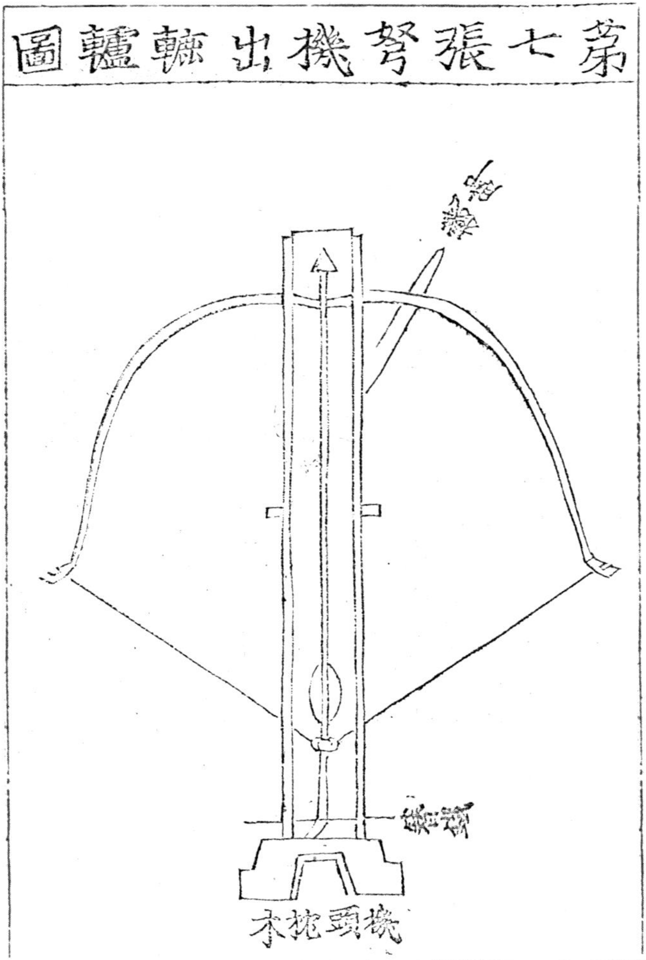

그림 14. 『노해(弩解)』의 한 페이지 1727년 변진영이 편찬하였다.

뛰어나 1,000보나 날아갈 수 있었다고 하는데, 여기에는 재미있는 일화가 전한다(그림 14).

신라의 쇠뇌 기술에 매료된 당나라 황제는 신라의 장인 구진천(仇珍川)을 데려다 쇠뇌를 제작하고자 하였다. 그런데 구진천이 제작한 쇠뇌는 30보밖에 날아가지 못했다. 그 이유를 물으니 재료가 달라서 그런 것 같다고 하여 재료를 신라에서 공수해 다시 제작하게 했으나 여전히 60보밖에 날아가지 못했다. 구진천은 다시 재료가 바다를 건너오면서 습기에 영향을 받아 제대로 성능을 내지 못하는 것 같다고 변명을 하는데, 당나라 황제의 온갖 협박에도 불구하고 구진천은 쇠뇌 제작 기술을 당나라에 전해 주지 않았다고 한다.[16] 쇠뇌 제작과 같은 최신 무기 제작 기술의 입수에 당나라 황제가 직접 간여한 것도 주목할 만한 대목이지만 목숨의 위협에도 불구하고 첨단 기술이 유출되지 않도록 최선을 다한 구진천의 애국심 역시 대단하다고 할 수 있다.

활이 매우 위력적이긴 하지만 약점이 없는 것은 아니다. 활은 쳐들어오는 적을 기다리는 상태에서 상대하는 데에는 유리하지만 적을 쫓아다니며 공격하기는 힘들다. 즉 기동성 면에서 한계가 있다. 이러한 약점을 보완하기 위한 것이 바로 말 위에서 구사하는 활쏘기[騎射]이다. 달리는 말 위에서 활을 쏴야 하기 때문에 정확성 면에서는 다소 떨어지지만 이동하면서 공격할 수 있다는 이점 때문에 기사는 매우 중요한 무예였다.

기사하는 모습은 고구려 고분 벽화에서 확인할 수 있다. 특히 무용총 수렵도에 등장하는 기사(騎射) 모습 가운데 달리는 말에서 상체를 뒤로 향하면서 쏘는 자세는 '도망치면서 쏘는 파르티아의 활쏘기'로 알려져

16. 『삼국사기』 「신라본기」, 문무왕 9년.

그림 15. 사인사예(士人射藝) 사인삼경도첩(士人三景圖帖) 중에서

있는데(그림 4 참조), 이는 기마 민족들에게서 공통적으로 발견되는 보편적인 활쏘기 방식이었다. 이러한 활쏘기 기술은 상대와의 전투에서 말의 기동력과 지형지물 등을 활용해 치고 빠지는 전술의 일환으로 활용하면 위력적이었다.

우리나라 활 가운데 특이한 것은 편전이다. 편전은 일반적인 활보다 길이가 짧아서(약 40cm 내외) 활에 바로 메겨 쏠 수 없고, 통아라는 특수한 보조 기구를 사용해야만 한다. 통아는 대나무를 반으로 쪼갠 모양의 홈통으로 편전을 이 홈통에 걸고 활을 쏘게 된다. 편전은 최대 사거리가 약 1천보(약 600m)이며, 유효 사거리도 300보(약 240m)나 된다. 게다가 편전은 크기가 작고 속도가 빨라 날아가는 것이 눈에 보이지 않으며, 적군이 편전의 화살을 주워도 길이가 짧기 때문에 통아 없이는 사용할 수 없었다. 게다가 통아가 있다고 하더라도 특별한 훈련 없이는 사용할 수가 없었다. 이런 이유로 임진왜란 때는 조선의 편전, 중국의 장창, 일본의 조총을 최고의 무기로 치기도 했다.

활쏘기는 고려 시대에는 경궁(梗弓) · 사궁(射弓) · 정노(精弩) · 강노(剛弩) 등의 특과병이 담당하였으며, 조선 시대에는 정식 무과 과목으로 채택되어 권장되었다. 『경국대전』에 따르면 활쏘기의 시험 기준은 목전(木箭)의 경우 240보를 기준으로 하여 점수를 매겼으며, 철전(鐵箭)은 80보가 기준이었다. 또한 편전은 130보를 기준으로 하였다. 기사의 경우 각각 35보씩 떨어져 있는 5개의 과녁을 쏘아 점수를 매겼다

활쏘기는 현재까지 전해져 전국 각 지역의 활터를 중심으로 활발하게 활동이 이루어지고 있다(그림 15).

마상 무예

상대와의 전투에서 기동력을 앞세운 기병 전술은 여러모로 유용하다. 기병은 말 그대로 말의 기동력을 활용하기 때문에 신속하게 움직일 수 있어서 상대의 측면이나 후방을 돌아 기습을 하거나 첩보를 수집하고, 또 직접적인 전투나 추격전 등에서 매우 효과적이었다.

우리나라에서는 기병 전술로 가장 많이 쓰이는 무예가 기창이다. 말 위에서 사용하는 기창은 이미 고구려 고분 벽화에도 등장하고 있을 만큼 오랜 전통을 가진 무예였다. 이 외에도 말 위에서 활쏘기나 검을 사용하는 무예 역시 매우 일반적이었다. 이런 무예들을 익히기 위해서는 말을 다루는 기술과 무기를 다루는 기술을 함께 익혀야 하는데, 이를 위해서 강조된 것이 바로 격구와 마상재이다.

격구는 장시(杖匙)라는 긴 채를 이용해 나무공을 쳐서 상대방의 구문에 넣는 경기인데, 타구(打毬) · 농장희(弄杖戱) · 격봉(擊棒)이라고도 불렸다. 원래 페르시아에서 시작된 것이 당나라를 통해 고구려 · 백제 · 신라로 전해졌다(그림 16). 격구는 무인들이 즐기기 위해 유희적인 성격을 가지고 행한 것이지만 무예적인 요소가 강하다. 장시를 사용해 공을 치기 위해서는 말을 능숙하게 다룰 수 있어야 하며, 상대를 속이거나 따라잡고, 또 정확하게 채를 휘둘러 공을 맞춰야 하는 등 상당히 다양한 기술을 충족시켜야 하는데, 이러한 기술들은 모두 결과적으로 무예적인 능력을 향상시키는 훌륭한 방편이 되었으므로 중시되었다.

격구는 특히 고려 시대에 매우 성행했는데, 고려 18대 의종은 직접 격구에 참여하기도 하였으며, 그에 미칠 자가 없을 정도로 뛰어난 격구 기술을 가지고 있었다. 충혜왕이나 공민왕도 격구를 매우 즐겼는데, 왕뿐

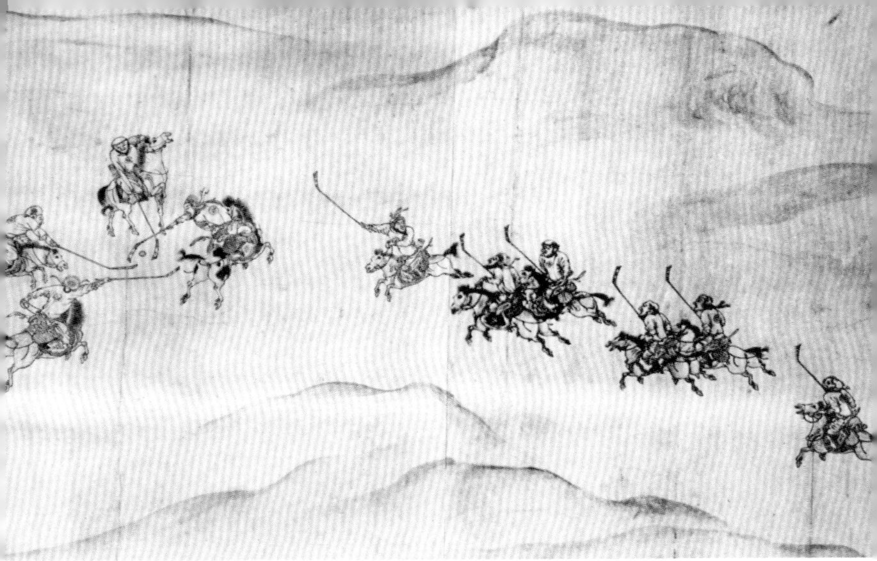

그림 16. 격구의 한 장면 중국 요대(遼代) 「편교회맹도(便僑會盟圖)」 중에서

아니라 젊은 무관이나 귀족 자제들도 격구를 즐겨 하였다. 고려 시대의 격구는 조선 시대까지 그대로 이어져 조선 시대의 왕들도 격구를 즐겼다. 태조는 격구에 매우 뛰어났으며, 그 뒤를 이은 태종이나 세종 역시 격구를 잘하였다. 특히 세종은 격구가 무예 수련으로 매우 중요하다는 것을 인식하고 기사(騎射)와 함께 문무과의 초시 · 중시에 격구를 포함시켰다.[17]

조선 전기 이후 북방 이민족의 침입에 대처하기 위한 일환으로 전법상 기병의 운용이 강조되었는데, 기병의 훈련과 시취를 위한 목적으로 격구가 줄곧 강조되어 왔다. 후에 편찬된 『무예도보통지』에는 격구에 대한 자세한 내용이 기록되어 있다.

마상재는 말 위에서 다양한 곡예를 벌이는 것으로 한 마리의 말을 타고 하는 단마(單馬)와 두 마리의 말을 타고 하는 쌍마(雙馬)로 나뉘는데,

역시 마상 무예의 하나로 중시되었다. 이는 놀이의 성격이 강하기는 하였지만 말을 자유자재로 다루며, 말과 하나가 되어 움직일 수 있다는 것은 그 만큼 기창이나 기사, 혹은 말 위에서 칼과 같은 무기를 활용하는데 도움이 되었기 때문이다(그림 17). 조선 시대 우리나라에서 발전한 마상재는 일본에 전수되어 일본의 기마술에도 큰 영향을 미쳤는데, 에도 막부 시대의 사이토라는 일본인은 당시 조선의 마상재 기술에 감탄하여 이것을 모방한 '오오쓰보혼류[大坪本流]' 라고 하는 승마 기예의 유파를 만들기까지 하였다(그림 17-1).[18]

후대의 기록이기는 하지만 18세기에 일본에 사신으로 간 박경행(朴敬行)이 "전쟁터에서 총 · 칼 · 창이 들어오고 깃발이 휘날리며 북소리가 요란할 때, 말에 몸을 숨긴 채 적진에 돌입하여 적의 깃발을 빼앗거나 적군의 목을 베어 올 수 있는 날랜 재주를 지닌 사람이 우리나라에는 사오백 명이나 된다"라고 말한 것[19]에서도 알 수 있듯이 마상에서 자유자재로 움직일 수 있는 기술은 매우 중요한 전투 기술 가운데 하나였다.

보병의 무예가 마상에서도 그대로 적용될 수 있다고 할 때, 마상에서 무예를 제대로 구사하는 가장 중요한 요인은 역시 말을 어떻게 다루느냐 하는 문제일 것이다. 마상재는 바로 이러한 기술적인 요구를 가장 잘 훈련할 수 있는 방법이었다. 마상재가 조선 후기까지 꾸준히 유지되고 『무예도보통지』에까지 수록된 것도 바로 이런 이유에서였다.

17. 『세종실록』 권35, 9년 3월 3일.
18. 과학백과사전종합출판사, 『민속놀이와 명절』, 97쪽, 대산출판사, 2000.
19. 김광언, 「마상재」, 『한국민족문화대백과사전』 권7, 557쪽.

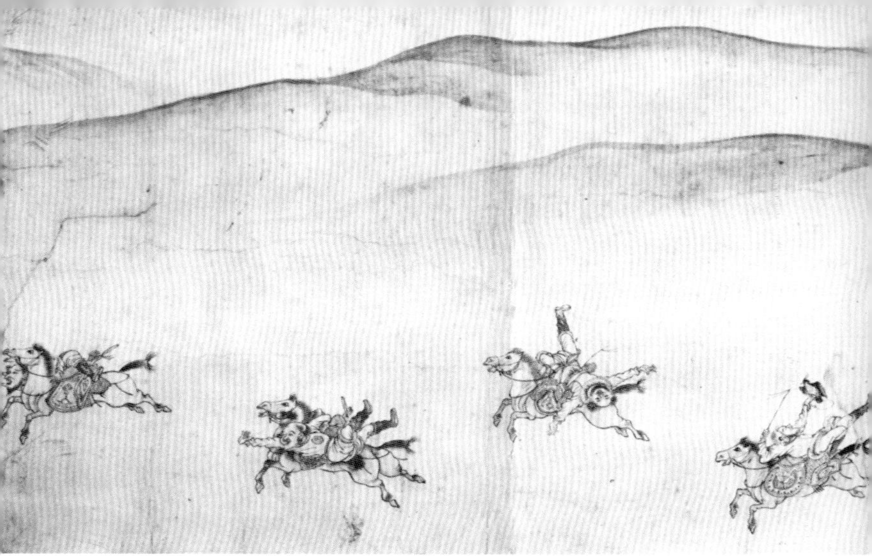

그림 17. 마상재의 한 장면 중국 요대(遼代) 「편교회맹도(便僑會盟圖)」 중에서

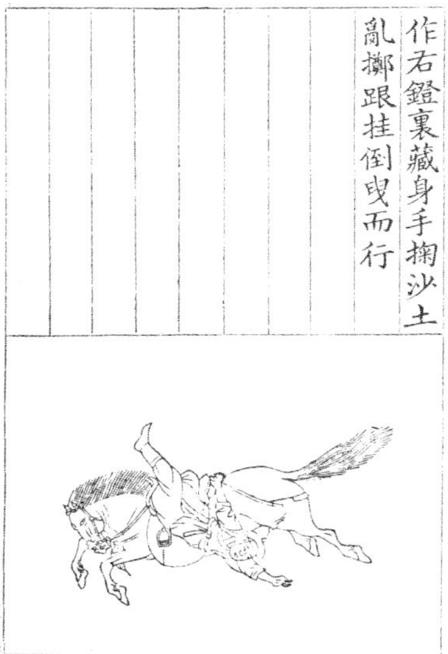

그림 17-1. 마상재 가운데 등리장신세
『무예도보통지』 권4

기타 병장 무예

위에서 언급한 창 · 검 · 도 · 활 등의 무예 외에도 다양한 무예들이 존재했을 것으로 추측된다. 비록 현재 그러한 무예들의 실제 모습을 확인할 수는 없지만 유물들을 종합해 보면 다양한 무예들의 존재 및 그 활용도 등을 유추할 수 있다.

우선 대표적인 무기로 도끼를 들 수 있다. 도끼는 멀리 석기 시대부터 제작되어 활용되던 무기이자 도구로, 후대로 내려오면서 청동 · 철기 등의 재료로 제작되어 사용되었다. 무기로 사용되는 도끼는 내려치는 힘을 이용해 공격하는 것으로 매우 일반적인 무기였다. 이는 백제의 병사가 신라의 장군 눌최를 도끼로 쳐 죽였다는 『삼국사기』의 기록이나 안악 3호분, 평양 역전 벽화 고분, 약수리 벽화 고분 등의 벽화에 도끼만을 전문적으로 다루는 부월수(斧鉞手)가 있는 것을 보아도 알 수 있다. 금이나 황동으로 장식된 도끼는 또한 출정하는 장수나 군관에게 왕이 정벌과 통수권을 부여하는 상징으로 지급하기도 하였다.

쇠낫[鐵鎌]은 농기구인 낫과 마찬가지로 굽은 날을 가진 무기로 기병을 상대하여 말의 다리를 걸어 베거나 상대 기병의 목이나 팔 등을 걸어 베는 용도로 사용하던 무기였다. 가지극(皆知戟)은 가지[皆枝]가 있는 극이란 의미로 긴 자루에 뾰족한 가지가 삐죽삐죽 나오게 하여 상대를 걸어당길 수 있도록 한 무기였다. 신라와 가야에서 일반적으로 사용되던 무기였으며, 주로 기병을 말에서 끌어내리기 위한 용도로 사용되었다. 가지극당(皆枝戟幢)이란 부대가 있는 것으로 보아 이를 전문적으로 운용하였다는 것을 알 수 있다.[20] 갈고리[鉤] 역시 기병전이나 수전(水戰) 등에서 사용하던 무기였다. 중무장한 적의 기병을 말에서 끌어내리거나

그림 18. 김성일(金誠一)이 사용한 철퇴 조선 후기, 김시인 소장(진박 200801-001)

배 위에서 적군을 걸어 당기기 위해서 쓰인 갈고리는 매우 일반적인 무기 가운데 하나였다.

이 외에도 쇠로 된 몽둥이 형태의 무기로 철퇴(鐵槌)와 같은 것이 있는데, 의장용이나 호신용으로 사용되었다(그림 18).

20. 『삼국사기』 잡지 제9, 職官 下式官條

맨손 격투 기술

십팔기 이전에 보이는 맨손 격투 기술에는 수박과 각저가 있다. 일반적으로 수박(手搏)은 주먹으로 치고 박고, 발로 차는 등의 타격계 기술로 보고 각저(角抵)는 서로 걸고 잡아당기며 넘기는 유술계의 격투 기술로 보고 있다. 하지만 실제로는 기술적으로 서로 중첩되는 부분이 많은 것으로 보인다. 이는 실전에서 활용되는 맨손 격투 기술의 일환이었기 때문이다.

수박(手搏)

수박은 맨손으로 치고 박는다는 의미로 맨손 격투 기술을 가리킨다. 맨손 격투 기술은 수박 이외에도 전통적으로 여러 가지 명칭으로 불렸다. 권법(拳法) · 백타(白打) · 상박(相撲) · 각저(角抵) 등이 모두 맨손 격투 기술에 해당하는 것으로, 이들은 모두 지역적으로 문화적으로 영향을 주고받으며 한편으로는 비슷하면서도 서로 다른 풍격을 가지고 발전해 왔다.

수박은 오래전부터 행해져 왔는데, 당시의 모습을 알 수 있는 구체적인 기록이 남아 있지 않기 때문에 실상을 정확하게 파악하기가 힘들지만 고분 벽화의 그림이나 여러 단편적인 기록들을 통해서 개략적인 모습을 추정할 수 있다. 중국의 기록에는 한나라 때 이미 수박이 행해진 것으로 되어 있다. 『한서(漢書) · 예문지(藝文志)』의 「병기교(兵技巧)」편에 '수박육편'이라는 책의 목록이 나타나 있다. 이 책은 이미 산실되고 남아 있지 않아 내용을 확인할 수 없지만 당시 이미 수박에 관한 문헌적인 정리가 이루어진 것으로 추정된다. 중국 밀현 타호정의 벽화에서도 이러한 맨손 격투 기술의 모습을 볼 수 있으며, 우리나라의 경우는 고구려의 고분 벽화에서 수박으로 추정되는 그림이 보이고 있다. 또 간헐적이긴 하지만 『고려사』 『조선왕조실록』 등에서 그 기록을 살펴볼 수 있다(그림 19).

우리나라에서 수박은 기록상으로는 『고려사』에서 처음으로 발견된다.[21] 비록 수박의 실제적인 기술 체계가 어떠하였는지는 확실히 알 수 없지만, 수박이 맨몸으로 상대방을 제압하며 경우에 따라 죽이기까지 하는 매우 위력적인 기술이었던 것만은 사실이다. 이의민이 의종을 살해할 때 등뼈를 꺾어 부러뜨렸다고 하는데, 손 가는 대로 뼈 부러지는 소리가 났다고 하는 것으로 보아도 이를 알 수 있다.[22] 특히 고려 시대 수박은 수박희(手搏戱)라는 경기의 형태로 자주 시행되었으며, 이 과정에서 우수한 성적을 거둔 사람은 승진하거나 특채되기도 하는 등 사회적으로 매우 중시되었다. 천민도 수박을 통해서 사회적으로 입신하는 경우가 있는 것으로 보아 수박이 매우 광범위하게 시행되었다는 것을 알 수 있다.

21. 『고려사』 권100, 「열전」 13, 두경승조.
22. 『고려사』 권128, 「열전」 41, 이의민조.

그림 19. 고구려 고분 무용총 벽화 수박으로 추정되는 그림

수박이라는 명칭은 중국이나 일본 · 한국 등에서 모두 공통적으로 사용된다. 물론 공통된 명칭이 존재한다고 해서 그 무술적인 내용까지 같다고 볼 수는 없을 것이다. 하지만 서로 다른 시기의 기록이기는 하지만 수박의 기법이 어느 정도 공통성을 가지고 있었다는 추측을 가능하게 하는 기록도 있다. 명 천계(天啓) 원년(元年, 1621)에 주국정(朱國禎)이 편찬한 『용당소품(涌幢小品)』 권12 「병기편(兵器篇)」에는 다음과 같이 기록되어 있다.

백타(白打)는 곧 수박으로 겨루는 것[手搏戲]이다. 당나라 장종(莊宗)은 수박으로 내기를 하였으며, 장경아(張敬兒)는 수박으로 공을 세웠다. 세속에서는 타권(打拳)이라고도 하며, 사람의 뼈를 부러뜨려 죽게 하는데 빨리 죽이고 천천히 죽이는 것은 오로지 수법(手法)에 달려 있다.[23]

위의 기사를 보면 수박에 대한 몇 가지 정보를 확인할 수 있다. 우선 수박의 명칭에 대한 것이다. 맨손 무예를 가리키는 수박은 백타, 혹은 타권이라고도 불렸다는 것을 알 수 있다. 또한 『고려사』의 기록과는 시기적인 차이가 있기는 하지만 『고려사』의 기록과 마찬가지로 뼈를 부러뜨려 죽이는 기술을 강조하고 있는 것으로 보아 기법상에서도 공통점이 있었을 것으로 추측할 수 있다. 수박은 조선 시대에 들어와서도 여전히 중시되었다. 『조선왕조실록』에는 수박과 관련된 기사가 모두 17차례나 보인다.[24] 기사들을 분석해 보면 수박은 크게 네 가지의 목적을 가지고 활용되었음을 알 수 있다.

첫째, 방패군이나 갑사와 같은 무사 선발 시험으로 활용되었다. 무사 선발에서는 수박희(手搏戱)를 개최해 세 사람을 이긴 사람을 방패군으로 보충하거나, 네 사람을 이기면 상등(上等), 세 사람을 이기면 중등(中等)으로 등급을 매겼다. 또한 수박을 잘하면 양천(良賤)을 논하지 말고 관에서 양식을 주어서 불러들이라고도 하여 고려 시대와 마찬가지로 수박이 신분 상승의 수단이 되기도 하였다. 두 번째, 태종 · 세종 때 상왕(上王)의 탄신을 위한 주연시에 베풀던 관람용 무예로 활용되었다. 태종은 상왕 탄신일에 경회루에서 갑사와 방패군으로 하여금 막대기[梃]로

23. 朱國禎, 『涌幢小品』 권12 「兵器」, 1621.
24. 나영일, 「조선 시대의 手搏과 拳法에 대하여」, 『용인대학교 무도연구소지』 제8집 제2호, 1997.

서로 겨루게 하고 또 수박희를 관람하였다. 세 번째, 수박은 임금이 행차하여 벌이는 군사 훈련 후에 무사들의 사기를 북돋고 격려하기 위해 실시되었다. 사열을 끝내고 수박희를 보았으며, 또 시위 군사로 하여금 수박희를 하게 하고 상을 차등 있게 주었다. 네 번째, 수박은 임금의 친위 무사들뿐 아니라 일반 백성들, 향리나 중들까지 하는 무예였다. 해연이라는 중이 수박희가 뛰어나 머리를 길러 환속하게 했다거나 담양의 향리와 관노 등이 나라에서 수박으로 인재를 뽑는다는 말을 듣고 서로 모여서 수박희를 했다는 기사 등이 보인다.

수박은 조선 전기까지 다양한 계층의 사람들에 의해서 실시되었으며, 관에서는 인재를 선발하는 시험 방법으로, 또 특별한 행사의 관람용으로 활용되었다. 그리고 일반인들 사이에서도 널리 행해졌다는 것을 알 수 있다. 조선 후기 들어서는 수박이라는 명칭은 사용되지 않고, '권법' 이라는 이름으로 십팔기 가운데 하나의 기술 분야로 정리된다.

각저(角抵)

각저는 한민족의 오랜 맨손 격투 기술 가운데 하나로 씨름의 고대 원형이라고 할 수 있다. 각저는 또한 각력(角力) · 각저(角觝) · 각희(脚戲) · 상박(相撲) · 쟁교(爭交) 등으로 불렸다. 각저에서 각은 겨룬다는 말이며, 저는 부닥쳐 맞선다는 의미이다. 이렇게 두 사람이 맞서 겨루는 격투 기술은 중국이나 몽고 · 일본 등에도 모두 존재하는 것으로 지역적으로 차이가 있기는 했지만 보편성을 띠는 격투 기술 가운데 하나였다.

각저의 기원은 중국에서는 전국시대까지 거슬러 올라가며, 우리나라의 경우 고구려 각저총 고분 벽화에서 그 모습을 찾을 수 있다. 벽화의

그림 20. 고구려 고분 각저총 벽화 각저로 추정되는 그림

그림은 건장한 두 장사가 허리춤을 붙잡고 서로 힘을 겨루고 있는 모습으로 이와 비슷한 그림은 중국의 벽화에서도 발견되는 것으로 보아 비슷한 기술 체계의 맨손 격투 기술이 존재했을 것으로 보인다(그림 20).[25]

현대의 씨름은 다리와 허리에 샅바를 감고 양 선수가 서로 힘과 기술을 겨뤄 상대를 넘어뜨리면 승부가 결정 나는 경기지만 고대 씨름은 이와는 성격이 달랐을 것으로 보인다. 왜냐하면 현대 씨름은 매우 제한된 조건하에서, 그리고 민간에서 이루어지는 게임의 형태를 계승한 것이지

25. 각저총의 벽화에 보이는 두 사람 가운데 한 사람은 매부리코를 가진 서역인의 모습을 하고 있다. 이를 통해 맨손 격투 기술 체계를 멀리 서역까지 서로 교류했다는 증거로 보는 견해도 있다.

만 고대의 각저는 어디까지나 군사적인 훈련의 일환으로 행해진 격투 기술의 하나였기 때문이다.

조선 시대의 기록에서 우리는 각저가 매우 격렬한, 그러면서도 상대를 잡아 메치거나 넘기는 기술뿐 아니라 가격하는 기술도 함께 가지고 있었다는 것을 볼 수 있다. 인조대의 무관이었던 김여준(金汝俊)은 효종을 따라 심양으로 가게 되었는데, 옥하관에서 각저로 승부를 겨루어 보자고 하는 청나라 장수 우거(禹巨)를 만나게 된다. 김여준은 우거에게 겨루다 죽게 되어도 군법에 따라 아무런 책임을 묻지 않는다는 약속을 받고 응하게 되는데, 먼저 주먹으로 그의 코를 향해 곧바로 치고 들어가 우거가 얼굴과 몸을 돌려 피하는 틈을 타 우거의 허리를 껴안아 메쳐서 피를 토하고 죽게 했다는 일화가 전한다.[26] 김여준이 사용한 기술은 단순히 상대의 허리춤을 잡고 넘어뜨리는 현대의 씨름 기술이 아니었다. 치는 동작으로 빈틈을 만들고 이를 이용해 상대를 잡아 메치는 기술을 사용한 것으로 보아 각저에서도 역시 타격 기술이 허용된다는 것을 알 수 있다. 이는 각저가 군사적인 훈련의 일환으로 이루어졌을 경우 단순히 유희적인 씨름과는 달랐다는 것을 암시한다.

각저는 고려 시대나 조선 시대의 기록에서도 빈번히 나타나고 있는데, 왕이 참관하여 군사들의 사기를 진작시키고 위로하기 위한 목적에서 많이 행해졌다. 또한 이런 군사적인 목적뿐 아니라 민간에서는 명절 때나 여가가 있을 때 씨름 경기를 조직해 놀이로서 즐기기도 했다(그림 20-1).

군사 기술로서 각저는 『무예도보통지』에 보이는 권법의 뒷부분과 왜

26. 『대동기문』 인조조, 「김여준창월명비안가」.

그림 20-1. 대쾌도(大快圖) 신윤복. 조선. 국립중앙박물관 소장

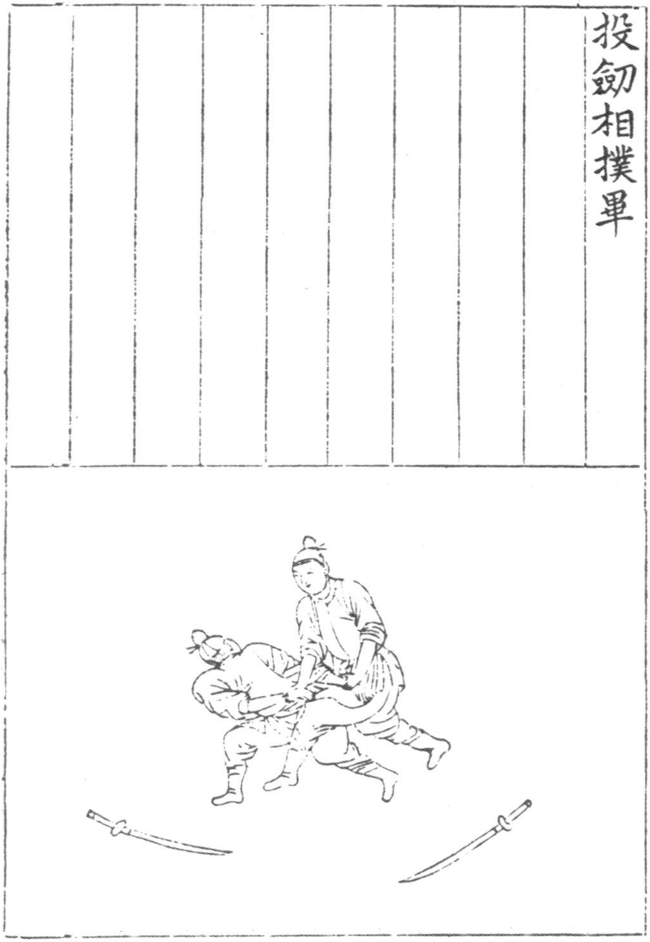
投劍相撲畢

그림 21. 맨손 격투 기술 『무예도보통지』에서

검 교전 중 마지막 부분에 그 흔적이 남아 있다. 권법의 오화전신세 이후 발로 차고 주먹으로 치는 격투 기술 끝에 두 사람이 서로 뒤엉켜 걸어 넘기는 동작들이 포함되어 있고, 교전 가운데는 마지막에 칼을 놓친 상황을 가정하고 서로 뒤엉켜 겨루는 동작이 바로 그것이다. 이는 앞의 김여준의 예에서 보듯 격투 기술과 긴밀히 연결되어 사용되는 각저 기술과 일맥상통하는 것이다(그림 21).

III.
십팔기의 형성 과정 및 그 내용

임진왜란과 『무예제보』의 편찬

『무예제보번역속집』의 무예

십팔기와 『무예도보통지』

십팔기의 수련 및 비교

그림 22. 부산진순절도 임진왜란 당시의 전투 상황. 육군박물관 소장

임진왜란과 『무예제보』의 편찬

임진왜란기 일본의 전술

조선의 무예 체계가 크게 변화되는 계기는 임진왜란이다. 임진왜란을 계기로 근세 동양 삼국의 병법과 무기 체계, 그리고 무예의 장 · 단점이 극명하게 드러나게 된다.

조선 전기 군사 체계는 선진후기(先陣後技)의 개념을 기본으로 하고 있었다. 이는 개별 기예보다 병사들의 배치와 적절한 운용을 중시하는 진법(陣法)을 강조하는 것으로, 여기에서는 화포와 활이 기본이 되고, 기병 위주의 기동성을 강조한 군사 전략을 구사하게 된다. 기본적으로 이러한 진법은 북방의 여진족을 상대하기 위한 것이었지만 왜구를 제압하는 데도 매우 효과적이었다. 임진왜란 이전까지 왜구는 소규모로 해안 지방을 침범해 약탈을 하는 정도였다. 이 경우 원거리에서는 화기(火器)를 사용하고 이어서 궁시, 그리고 마지막으로 기병을 동원하여 적을 제압함으로써 효과적으로 대응을 할 수 있었다(그림 22).

그런데 임진왜란에서는 이러한 전법에 한계가 있었다. 이전에 조선군이 우위를 점할 수 있었던 것은 화포와 궁시에 의한 장병 전술(長兵戰術)이 앞서 있었기 때문이었다. 하지만 임진왜란 때는 이미 일본군이 서

그림 23. 조총신과 조총(鳥銃) 임기봉 소장

양에서 도입한 조총을 사용하였으며, 이는 조선의 궁시보다 월등한 위력을 발휘했다. 병사들을 집중시켜 운용하는 조선의 진법은 오히려 왜군에게 좋은 목표물이 되기 십상이었다. 게다가 원래 장기로 사용하던 창 · 검 등의 단병 무예와 조총을 사용하는 장병 무예가 적절히 배합됨으로써 한층 더 위력을 발휘하게 되었다(그림 23).

일본이 사용한 전법은 장병[조총]과 단병[검술]을 적절히 배합하는 것이었다. 부대를 3진 내지 4진으로 구분하여 기병인 제1진이 깃발을 가지고 적진에서 2개 대로 나누어 좌우로 분산하면서 상대를 에워쌀 태세를 갖추면, 총병(銃兵)인 제2진이 정면으로 나아가며 조총을 쏘면서 돌격을 한다. 그리고 그 뒤를 궁병(弓兵)인 제3진이 진격하고, 마지막으로 제4진의 창검병이 백병전을 벌이는 것이다. 깃대를 든 병사들은 또 양쪽으로 에워싸고 나아가 좌우의 복병과 함께 상대의 후미를 포위하여 공격을 하였다.[27]

27. 유성룡, 『서애집』 권16 「잡저」, "倭之用兵" 참조.

당시 충주에서 벌어진 조선과 일본의 전투에 대해서 묘사한 포르투갈 신부의 기록을 보면 일본군의 전법과 무예가 어떠하였는가를 알 수 있다.

> 아고스띠뇨는 병사들에게 전투 대형으로 갖추도록 명하고, 어떠한 경우에도 그의 군대에서는 조선인들이 놀라지 않게 하기 위하여, 아무 깃발도 들지 말고 그가 반대로 명할 때까지 깃발들이 전부 내려져 있도록 하였다. 조선인들도 역시 진을 쳤고, 그 군대를 달 모양으로 배열하였다. 그리고 적은 수의 일본군들을 보고서는, 그들을 가운데에 놓고서 아무도 빠져 나가지 못하게 하기 위하여 에워싸기 시작하였다. 그리고 아주 가까이 다가오자 갑자기 조선인들이 상상하고 있던 것과는 전혀 뜻밖으로 깃발들을 들게 하고 사람들을 노출시켜 아주 용맹스러운 총병(銃兵)으로 하여금 조선 군대의 양쪽 익단을 돌진하게 하였다. 조선인들은 그것을 견뎌낼 수 없어서 조금 물러났다가 바로 이어서 한두 번 다시 공격하기 시작하였다. 그러나 단단히 결심한 일본인들이 그들을 습격하고 총병처럼 검이나 대검(大劍)으로 잔인하게 공격하였기 때문에 조선인들은 싸움터를 버리고 달아나기 시작하였다.[28]

물론 이러한 일본의 전법이 위력적이긴 하였지만 허점이 전혀 없는 것은 아니었다. 우선 조총은 위력적이지만 연속 사격에서 문제가 있었고, 비가 오거나 바람이 많은 날에는 사용에 어려움이 많았다. 그래서 여전히 궁시의 보조가 필요했고, 근접전에서는 창 · 검을 활용한 단병

28. 루이스 프로이스, 『포르투갈 신부가 본 임진왜란 초기의 한국–「일본사」 내 16세기 한국에 관한 최초의 세부적인 기술』, 강병구 역, 까몽이스재단/주한 포르투갈 문화원, 1597, 47쪽.

무예가 중시되었다. 특히 화약 무기의 발달에도 불구하고 창 · 검을 활용한 단병 무예의 중요성은 더욱 강조되었다. 왜냐하면 당시 화약 무기의 성능에 한계가 있었기 때문이다. 게다가 전투의 마무리는 아무래도 창 · 검을 사용한 근접전에 의해서 이루어지게 마련이어서 무엇보다 단병 무예가 절실히 요구되었다.

명에서 처음 파견한 군대는 북쪽의 변방을 방어하는 군대였다. 이들은 주로 기병으로 편제되어 있었다. 조승훈이 이끌고 온 군대가 바로 기병 위주의 북방의 군대였던 것이다. 이들은 조선군과 마찬가지로 일본군에게 고전을 면치 못했다. 일본에 적절히 대항하기 위한 방법을 찾게 된 계기는 제2차 평양성 전투에서였다. 중국의 남부 절강의 병사[南兵]들로 구성된 명나라 군과 합세한 이 전투에서 조선 측은 일본에 대승을 거두게 된다. 이들 절강병은 화기를 사용하고 이어서 12명이 한 대를 이루는 원앙진을 중심으로 단병 무예를 구사하는 전법을 구사하였다. 처음에는 호준포 · 연주포 · 불랑기포 등을 사용하여 원거리에서 화기로 공격하고 이어 근접전에서는 여러 가지 단병 무예를 적절히 배합하는 전법을 목격한 조선 정부는 조총을 비롯한 다양한 화기의 사용과 단병 무예를 익히는 것이 중요하다는 인식을 하게 된다.

『무예제보(武藝諸譜)』의 편찬과 무예 육기(六技)

중국과 조선의 연합군이 제2차 평양성 전투에서 일본군에게 대승을 거둘 수 있었던 것은 기본적으로 전법에서 일본군을 압도할 수 있었기 때문이었다. 원거리에서 화기를 사용하여 기선을 제압하고 이후 근접전에서는 여러 단병 무예들을 조합한 원앙진을 적절히 구사함으로써 일본군의 단병에 효과적으로 대응할 수 있었다.

남병이 구사하는 전법은 명나라 장수인 척계광의 『기효신서』에 바탕을 두고 있었다. 『기효신서』의 전법은 중국의 남부 지역을 약탈하는 왜구를 상대하기 위해 개발된 것으로 화기를 사용하는 포수와 단병 무예를 구사하는 살수[보병]가 적절히 조화되어 운용되는 것을 핵심으로 하고 있었다.

단병 무예를 구사하는 보병은 12명을 한 대로 삼아 운용하는 원앙진(鴛鴦陣)을 핵심으로 하고 있다. 원앙진을 구성하는 기본 무예는 등패·낭선·장창·당파이다. 이 외에 대장이 가지고 있는 기창과 화병이 가지고 있는 곤봉 역시 무기로 활용될 수는 있지만 직접적으로 전투에서 활용되던 무예는 앞의 네 가지였다. 등패·낭선·장창·당파로 구성된 2열 종대의 대형을 경우에 따라 양의진·삼재진 등으로 변화시켜 운용하게 되는데, 원앙진은 각 병기의 장점을 극대화하고 서로 보조함으로써 효율성을 높인 전술이다. 『기효신서』에서는 다음과 같이 설명하고 있다(그림 24).

> 원앙진은 적을 죽이는 필승의 법으로 대단히 효과적이며, 속오(束伍)의 제일 전법으로 매우 긴요한 것이다. 이제 뒤에 그 방법에 대해서 설명한다. 두 개의 패가 나란히 벌려 서고 낭선은 각각 한 패의 뒤를 따르며 패수의 뒤에서 방어한다. 매 장창 둘은 각각 등패 하나와 낭선 하나를 맡아서 구원한다. 단병은 장창이 나아갈 때 생기는 허점을 방어하여 곧바로 살상한다. 오장(伍長)은 앞에서 애패(挨牌)를 잡는다. 나머지 병사는 원앙진의 형태로 패의 뒤를 긴밀히 따른다. 그 애패수가 머리를 낮추고 패를 잡은 채 전진하는데 만일 북소리를 듣고도 머뭇거리며 의심하여 나아가

그림 24. 원앙진의 모습

> 지 않으면 곧 군법에 따라 참수한다. 나머지 병사는 패도(牌刀)에 의지해 뒤에서 보호하고 방어하며 긴밀히 패를 따라 나아간다. 교전을 하게 되면 낭선으로 패를 구원하고, 장창으로 낭선을 구원하며 단병으로 장창을 구원한다. 패수(牌手)는 진이 무너지면 오(伍)의 나머지 병사를 모두 참(斬)한다. 이 법을 따르면 항상 승리하게 된다.[29]

원앙진을 사용한 이유는 다른 것이 아니라 일본군과의 근접전 때문이었다. 당시 일본군의 장기는 조총과 일본도였는데, 조총보다도 일본도가 더 위협적이었다. 일본도는 길이가 길고 매우 날카로우며 가벼우면서도 단단해서 날에서 발하는 빛을 보기만 해도 아군이 전투 의욕을 상실할 정도였다. 특히 두 손을 사용하여 칼에 힘이 있고, 좌우로 도약해서 내려치게 되면 상대의 병장기가 잘려 나가기 일쑤여서 조선과 중국 병사들에게는 두려움의 대상이었다(그림 25).

이러한 일본의 검술에 대항하기 위해서는 일대일의 대결보다 여러 병장기를 유기적으로 조합해 사용하는 것이 보다 효과적이었다. 원앙진은 각각의 병사들을 하나로 묶어 유기적으로 움직이게 하고, 군율을 엄하게 해서 각 병사들이 최선을 다해 싸우도록 하는 데 그 핵심이 있었다. 그리고 각 무예가 적절히 조화되어 제 기능을 발휘하도록 병사들을 심리적으로 안정되게 함으로써 일본군과의 근접전에서 효과를 발휘할 수 있었다.

조선으로서도 가장 시급하게 완비해야 할 단병 무예가 바로 원앙진을 구성하는 등패 · 낭선 · 장창 · 당파였다. 이러한 무예의 정리 작업은 선

29. 『기효신서』(18권본), 권2 「緊要操敵號令簡明條款篇」.

그림 25. 권응수(權應銖) 장군이 왜장 희팔(喜八)로부터 노획한 칼 권오현 소장

조의 명에 의해 한교(韓嶠)가 주도하였다.[30]

한교는 각 군영으로 다니며 무예의 실기와 이론에 대해 중국인 교사들에게 묻고 정리하는 작업을 하였다. 그런데 각 군영에서 행하는 무예는 개개인마다 그리고 군영마다 차이가 커서 정리하는 데 어려움이 컸다. 한교의 언급은 이러한 당시의 사정을 잘 보여주고 있다.

> 제가 일찍이 『기효신서』를 보니 파(鈀)를 익히는 법이 아래의 글과 같았습니다. 지금 만든 파보(鈀譜)는 다른 것에 비해 훨씬 훌륭하니 이로 미루어보면 다른 여러 무예들도 반드시 모두 그 보가 있었을 것이지만 지금은 볼 수가 없습니다. 『기효신서』에 수록되어 있는 것은 단지 여러 자세[勢]의 그림일 뿐이며 각 자세에 대한 설명을 한 것에 지나지 않을 뿐입니다.

30. 한교(1556~1627)는 성리학뿐 아니라 천문학 · 복서 · 병법에 조예가 깊었으며, 임진왜란 때 의병을 일으켜 공을 세운 공로로 벼슬길에 나아가 훈련도감 낭관에 임명된 무관이다. 『무예도보통지』의 전신이라고 할 수 있는 『무예제보』를 편찬하여 조선 무예의 근간을 확립하였다.

여러 자세를 연결하여 익히는 보는 살펴 의거할 만한 것이 없었으므로 부득이 살수를 뽑아서 중국의 장수들에게 두루 질문한 것이 한둘이 아니었습니다.[31]

한교의 노력 끝에 표준적인 무예가 정립되고 책으로 편찬된다. 이것이 바로 우리나라 최초의 단병 무예서인 『무예제보』이다. 여기에 정리된 무예가 곤봉 · 등패 · 낭선 · 장창 · 당파 · 장도의 육기(六技)이다. 이러한 무예들은 이후 더욱 더 정련되어 조선의 전통 무예인 '십팔기'의 근간이 된다.

『무예제보』에 수록된 육기 가운데 곤봉은 무예의 가장 기본이 되는 기술로 중시되었던 것이다. 무예계에서는 곤봉을 '무예의 어머니'라고 하여 여타 병장 무예를 익히기에 앞서 곤봉을 익힐 것을 강조하고 있다. 곤봉을 사용하여 치고, 찌르고, 막는 기본적인 운용 기술을 익히게 되면 이를 다른 무예에 응용하기 쉬워진다. 이런 이유로 곤봉은 유가 경전의 『사서(四書)』에 비유되기도 한다. 『사서』를 익히고 나면 『육경(六經)』의 이치가 저절로 밝아지듯이 곤봉을 익히고 나면 구 · 도 · 창 · 파와 같은 무예를 쉽게 습득할 수 있다고 본 것이다.[32]

검술은 일본도에 맞서기 위해서 정리된 것이었다. 앞서 설명했듯이 근접전에서 일본 무예의 핵심은 검술이었다. 당연히 중국이나 조선에서도 이에 대한 대비를 해야만 했다. 『무예제보』의 장도는 바로 이런 목적에서 정리된 것이다. 그리고 등패 · 낭선 · 장창 · 당파는 바로 앞에서 언

31. 『무예제보』「武藝交戰法」.
32. 『기효신서』(18권본) 권12, 「단병장용편」.

그림 26. 낭선

급한 원앙진을 구성하는 무예이다.

등패는 선봉에서 표창을 던지거나 칼을 사용하여 적을 공격하는 역할을 담당하였고, 낭선은 등패 바로 뒤에서 등패를 보호하고 구원하는 역할을 했다. 낭선은 긴 대나무의 잔가지 끝에 철편으로 날을 달고 독을 발라 사용하는 무기로 무기가 커서 엄폐물의 역할을 했기 때문에 다른

그림 27. 장창

병사들에게 심리적인 안정감을 주었다(그림 26). 장창은 낭선 바로 뒤에서 낭선을 구원하는 역할을 담당하였다. 특히 장창은 원앙진에서 주된 공격의 역할을 담당하였기 때문에 다른 무예들보다 2배의 인원인 4명을 배치해서 효과를 극대화하였다(그림 27). 당파는 세 개의 날을 가진 창으로 당파수는 화전을 소지하고 있다가 전투가 시작되면 먼저 당파에

그림 28. 당파

화전을 걸쳐 쏘고 이어서 당파를 운용하여 장창을 구원하는 역할을 담당하였다. 당파는 원래 농기구에서 기원한 무기로 농민병들이 쉽게 사용할 수 있는 장점이 있었다(그림 28).

이러한 무예들은 모두 무예의 특성 및 전법에 따라 요구되는 자격 요건이 달랐는데, 등패는 선봉에서 재빠른 공격을 담당하기 때문에 체격이 중간 정도인 신체가 유연한 사람이 선발되었다. 그리고 낭선은 부대의 선봉에서 적군에게 위압감을 주고 아군에게 안정감을 줘야 하므로 체격이 크고 힘이 센 사람이 담당하였다. 또 장창은 무기가 길고 무거워 힘이 들고, 적을 죽이는 임무를 담당하기 때문에 정신력이 있고, 뱃심[骨力]이 있는 사람, 마지막으로 당파는 창을 구원하며, 적을 죽여야 하기 때문에 용맹과 위엄이 있는 사람이 선발되었다.

『무예제보번역속집』의 무예

『무예제보』는 일본군과 대결하기 위한 전법에 활용하기 위해 임진왜란 중에 편찬된 무예서였다. 당장 필요한 무예 역시 일본군과의 전투에서 효과적이었던 원앙진을 구성하기 위한 무예로 등패 · 낭선 · 장창 · 당파와 무예의 기초라고 할 수 있는 곤봉, 또 왜검에 대비한 검술이었다. 이들 무예는 모두 보병 대 보병의 전투에 필요한 무예들이었다.

하지만 임진왜란이 끝나고 무예들을 새로이 정리하는 과정에서 다양한 논의들이 나오기 시작했다. 이미 다양한 무예들을 접해 본 상태였기 때문에 무예를 보는 안목이 높아진 데다 조총을 사용하는 보병이 기병에 항상 유리한 것이 아니라는 사실도 알려졌다. 게다가 당시 북방 여진족의 침입이 다시 빈발한 것도 하나의 계기가 되어 기병이 사용하는 무예와 기병을 저지하기 위한 무예 등에도 관심이 생겨났다. 게다가 이전 『무예제보』에서는 왜란 중 급하게 필요한 무예를 정리하는 바람에 기초 단련으로서 필요한 권법에 대한 내용이 빠져 있었는데, 이에 대한 보완도 필요하였다.

이러한 필요성에 의해서 편찬된 무예서가 바로 『무예제보번역속집(武藝諸譜飜譯續集)』이다. 『무예제보번역속집』에 수록된 무예는 권법(拳法) · 청룡언월도(青龍偃月刀) · 협도곤(夾刀棍) · 구창(鉤槍) · 왜검(倭

劍)의 다섯 가지이다. 권법은 이미 1604년 『권보(拳譜)』를 편찬할 때 정리가 된 것이지만 청룡언월도나 협도곤·구창·왜검은 새로이 정리된 무예들이다.

권법은 널리 알려져 있는 것처럼 큰 전투와는 직접적으로 관련이 없지만 무예를 익히기 위해서 초학자가 익혀야 할 필수적인 기초 기술이었다.[33] 『무예제보번역속집』의 권법은 이전 『기효신서』나 『무비지』에 수록되어 있는 권법과는 차이를 보이는데, 『기효신서』나 『무비지』에는 모두 권법의 각 세에 대한 설명만 있을 뿐 정확하게 어떤 식으로 연결되어 움직이고 수련하는지에 대한 내용이 없다. 반면 『무예제보번역속집』에서는 이러한 구체적인 세의 연결과 운용을 조선인의 현실에 맞게 구축하였다.

『무예제보』 편찬 이후 무예를 익히기 위한 기초 기술에 대한 표준 모델을 정립하고자 하는 노력은 『무예제보번역속집』의 「권보」를 통해서 이루어졌으며, 권법은 이후 더욱 정련되어 『무예도보통지』에서 완성된다(그림 29).

청룡언월도·협도곤·구창은 기병과 관련이 있는 무예들이었다. 청룡언월도는 날 길이 약 60cm, 폭 12cm, 자루 길이 150cm로 전체 길이가 210cm 정도 되는 초승달 모양의 날을 가진 무기였다(그림 30). 협도곤은 자루 길이 210cm의 봉에 약 15cm 정도의 날을 단 무기였으며, 구창은 전체 길이 240cm 정도이며 갈고리 모양의 날을 가진 무기였다. 당시 전법에 대해서 기록하고 있는 『연병지남』에서는 이러한 무예들이 어떻게 활용되었는지에 대해 다음과 같이 기록하고 있다.

33. 『무예도보통지』 권4, 「권법편」.

그림 29. 무기 없이 맨손으로 겨루는 권법의 한 장면

> 마병 1대는 적이 멀리 있으면 말에서 내려 삼혈총(三穴銃)을 쏘거나 활을 쏜다. 적이 가까이 오면 말에 올라 좌익과 우익으로 나뉘어 원앙진 대형으로 달려나간다. 편곤을 사용하거나 장도를 사용하며, 언월도나 쌍도, 혹은 구창을 사용하기도 한다. 또한 마상에서 삼혈총을 연달아 쏘거나 양의진(兩儀陣)·삼재진(三才陣)을 사용하여 때에 따라 모이거나 변화한다.[34]

위의 내용을 보면 원거리에서는 화기[삼혈총]를 사용하고 근거리에서 기병이 언월도와 구창 등의 무예를 구사하였음을 알 수 있다. 특히 협도

34. 『연병지남』 26쪽.

그림 30. 청룡언월도

곤은 철갑을 입은 상대 기병이 한꺼번에 달려들 경우 장창은 쉽게 부러져서 사용할 수 없는 폐단 때문에 중시되었는데, 장창 대신 협도곤[대봉도 마찬가지로 사용할 수 있음]을 사용하여 상대를 찌르거나 후려쳐 제압을 하였다.[35]

앞의 『무예제보』 무예의 활용은 원앙진이라는 형태가 기본이 된다고 하였는데, 『무예제보번역속집』의 무예 역시 이러한 원앙진을 기본으로 삼는다. 하지만 『무예제보번역속집』의 무예의 특성을 감안해서 병사들을 배치하게 되는데, 여기에서는 장창 대신 도곤수(刀棍手)가 배속된다. 이는 북방의 기병을 상대하기 위한 조치였다. 『무예제보』와 『무예제보번역속집』의 무예들은 시간이 흐르면서 더욱 정련되어 사도세자의 『무예신보』를 거쳐 마침내 1790년 『무예도보통지』에 완성된 형태로 정립된다.

표 2. 『무예제보』와 『연병지남』의 살수대(殺手隊) 비교

구분 / 대오	살수대				비 고
	『무예제보』		『연병지남』		
제1쌍	등패	등패	등패	등패	동일
제2쌍	낭선	낭선	낭선	낭선	동일
제3쌍	장창	장창	도곤수	도곤수	구성에서 차이가 남
제4쌍	장창	장창	도곤수	도곤수	
제5쌍	당파	당파	당파	당파	동일

35. 『무예제보번역속집』 「협도곤」.

십팔기와 『무예도보통지』

십팔기의 정립과 무예의 성격

조선의 전통적인 무예들이 체계적으로 정리되고, 공식적으로 십팔기라는 이름을 얻게 된 것은 『무예신보』(1759)가 편찬되면서부터이다. 이 『무예신보』는 사도세자가 주도하여 편찬한 무예서이다. 사도세자는 조선 시대 북벌을 꿈꾼 마지막 군주였다. 무인의 기질을 타고난 그는 활쏘기와 말달리기, 그리고 각종 무예에 능했다. 특히 힘센 무인들도 들지 못했던 저승전에 있는 효종의 청룡언월도를 어린 나이에 들어 사람들을 놀라게 하기도 했다.

그는 북벌의 뜻을 실현할 수 있는 정예의 무반층을 육성하고자 했는데, 이를 위해 이전의 무예들을 집대성해 하나의 일관된 체계로 정리하는 작업을 시도하였다. 『무예제보』때 정리된 육기(곤봉 · 등패 · 낭선 · 장창 · 당파 · 장도)에 죽장창 · 기창 · 예도 · 왜검 · 교전 · 월도 · 협도 · 쌍검 · 제독검 · 본국검 · 권법 · 편곤을 추가해 이를 하나의 일관된 체계로 정리하여 '십팔기'라고 명명한 것이다.[36]

---

36. 莊祖, 『凌虛關漫稿』 권7.

현재 사도세자가 편찬한 『무예신보』는 전하지 않으므로 정확하게 어떤 체재로 구성되어 있는지를 알 수 없다. 하지만 『무예신보』 이전에 편찬된 『무예제보』와 『무예제보번역속집』 그리고 정조에 의해 편찬된 『무예도보통지』(1790)를 서로 대조해 보면 『무예신보』의 내용을 어느 정도 추정할 수 있다. 또한 『무예도보통지』에서는 원(原) · 증(增) · 안(案) 등 시기적인 변화와 관계된 편찬 체재를 가지고 있으므로 이것 역시 『무예신보』를 이해하는 데 도움이 된다.

공식적으로 십팔기는 1759년에 정해졌지만 그 가운데 많은 무예들은 이미 전대부터 각 군영에서 실시되어 오고 있었으며, 또 이미 무과의 과목으로 정해져 있었다. 이는 이러한 무예들이 사도세자가 활동하던 영조대에 급조된 것이 아니라는 것을 암시한다. 다만 그 이전부터 오래도록 실시되어 오면서 각 군영에서 실시하는 무예가 군영마다 차이가 생기는 폐단이 발생하게 된 것이다.

무예의 표준화는 국가의 공식적인 군사제도로서 필수적인 과제였다. 지금도 마찬가지이지만 특히 군대는 표준화된 일관된 체제 안에서 규제되고, 운용되어야 그 힘을 발휘하게 마련이다. 사도세자는 이러한 무예들을 표준화하고 이를 정리해서 공식화하는 것이 중요하면서도 시급한 과제라고 생각했다. 이런 노력의 결과물이 『무예신보』이며, 이후 정조는 사도세자의 이런 노력을 계승하여 『무예도보통지』를 편찬하게 된다. 『무예도보통지』에서는 '십팔기' 를 바탕으로 이를 마상에서 운용하는 기창 · 마상월도 · 마상쌍검 · 마상편곤의 마상4기와 마상재 · 격구를 함께 싣고 있다. 또 표준적인 무예의 정립을 위해 각 군영간의 무예 차이에 대한 「고이표」를 함께 싣고 있는데, 이는 사도세자 작업의 연장선상에 있음을 보여주는 것이다. 기간으로 보면 십팔기의 정리 작업은 1598년부터 1790년까지 약 200여 년이 걸린 셈이다.

십팔기를 구성하고 있는 무예의 성격은 십팔기가 형성된 역사적 배경, 전술적 가치, 무예 기술적 특성, 이를 수용하는 주체적 태도 등에 의해서 결정되는데, 크게 보아 다음과 같은 성격을 가지고 있다.

첫째, 무예는 크게 장병(長兵)과 단병(短兵)으로 나뉘는데, 십팔기는 단병 무예에 속한다. 당시 장병으로는 조총과 같은 화기와 궁시 · 노 등이 있었다. 십팔기는 이들과 전술적으로 상호보완해서 운용되는 단병 무예로, 『무예도보통지』에서는 이러한 십팔기의 단병적인 성격을 고려하여 별도의 분류 기준을 찌르기 · 찍어베기 · 치기로 나누었다.

둘째, 십팔기는 보병과 기병이 함께 운용하는 무예이다. 십팔기는 기본적으로 보병이 운용하는 무예이지만 이는 곧바로 마상 무예로 전환될 수 있는 무예였다. 예컨대, 기창 · 마상월도 · 마상쌍검 · 편곤은 십팔기를 마상에서 운용하는 것이었다. 말을 다루는 기술은 격구나 마상재를 통하여 부가적으로 강조하였다.

셋째, 십팔기는 남방의 무예와 북방의 무예를 포괄하는 종합 무예이다. 한민족의 주된 침입은 남쪽으로는 왜구, 그리고 북으로는 북방의 이민족이었다. 왜구는 주로 보병으로 구성되어 있고, 북방의 이민족은 기병이 주를 이뤘다. 또 왜구는 검술에 매우 뛰어났으며, 북방의 기병들은 활이나 마상에서 사용하는 창 · 검 등이 주된 무예였다. 십팔기에는 이에 대처하기 위한 성격의 무예들이 모두 포함되어 있다.

넷째, 십팔기는 한민족의 무예 전통을 계승하고 있다. 이는 멀리 신라에서 기원하고 있는 '본국검'이나 중국에까지 알려져 있는 고검법의 원형인 '조선세법' 등을 드러내 보임으로써 이러한 무예 전통의 계승을 대내외에 표방하고 있는 것에서 알 수 있다.

『무예도보통지』에 수록된 십팔기의 종류와 내용

장창(長槍)

길이 1장 5척(약 3.15m)의 창으로 검날 모양의 창날이 달려 있다. 창날에는 혈조가 파져 있으며, 날과 자루가 연결되는 부위에는 석반이 달려 있어 상대의 병기를 감아 채거나 걸어 젖히는 데 도움이 되고, 또 창날이 너무 깊이 들어가 빠지지 않는 폐단을 막아 준다. 창은 보병뿐 아니라 기병도 함께 사용했다. 말 위에서 운용하는 기창은 조선 전기 북방 이민족의 침입에 대비하기 위해 필수적인 무예로서 조선 초기부터 무과 응시 과목으로 채택되었을 만큼 중시되었다(그림 31).

그림 31. 장창

장창과 같이 긴 무기는 상대를 찔렀을 때 상대가 틈을 타고 가까이 공격해 들어올 경우 매우 취약하기 때문에 짧게 사용하는 법을 중시했는데, 이를 장병단용(長兵短用: 긴 무기를 짧게 사용하는 기술)이라고 한다.

죽장창(竹長槍)

길이 20척(약4.2m)의 대나무에 4촌 길이의 날을 댄 창으로 십팔기 가운데 가장 긴 병장기를 운용하는 무예이다. 대나무 창은 통대나무를 이용한 창과 여러 조각의 대나무를 아교로 붙이고 심줄로 엮어 만든 창이 있는데, 후자가 더욱 강하고 견고하다. 먼 거리에서 적을 제압하는 데 매우 유용하다(그림 32).

그림 32. 죽장창

기창(旗槍)

창에 깃발을 달아 사용하는 창으로 장창에 비해 길이가 짧아 단창(短槍)이라고도 한다. 일반적으로 의전 · 호위용으로 사용되는 창이지만 짧은 길이의 이점을 이용해 근접전에서도 사용할 수 있다. 기법이 활달하며 변화무쌍하여 보는 사람으로 하여금 그 위용을 느끼게 한다. 다른 나라에서는 찾아볼 수 없고, 조선의 '십팔기'에만 그 운용법이 유일하게 남아 있는 독창적인 무예 종목이다(그림 33).

그림 33. 기창

당파(鎲鈀)

창 끝이 세 갈래로 갈려 있는 삼지창의 일종으로 가운데 날이 양쪽 두 갈래 날보다 길어 찌르기가 유리하며, 두 갈래 날은 상대의 병장기를 감아 채거나 누르기 좋다. 농기구에서 시작된 무기로 병사들이 쉽게 익혀서 사용할 수 있다. 또한 당파는 전투 초기에 화전(火箭)을 걸어 쏘는 화기(火器)로도 사용되었는데, 원거리에서는 화전으로 공격하고 이어서 근접전에서 당파를 사용하였다(그림 34).

그림 34. 당파

낭선(狼筅)

낭선은 긴 대나무를 사용하여 만드는데, 끝에는 창날을 달고 가지에는 얇고 날카로운 철편을 달아 독을 발라 사용한다. 낭선은 무기가 크고 무거워 체격이 좋고 힘이 센 병사들을 선발하여 운용하게 하였다. 원앙진에서 등패 다음에 위치한 낭선은 상대에게는 위압감을 주고 아군에게는 심리적인 안정감을 주는 엄폐물과 같은 역할을 하였다. 공격적인 무예는 아니지만 적을 방어하는 데 매우 효과적인 무예였다(그림 35).

그림 35. 낭선

쌍수도(雙手刀)

쌍수도는 두 손으로 사용하는 검으로 검이 길고 커서 매우 위력적이다. 본래 명칭은 장도(長刀)이며 용검(用劍) 혹은 평검(平劍)이라고도 불렸다. 이 검법은 왜구가 중국의 연안을 침범하면서 알려지기 시작했다. 왜구들이 검을 들고 휘두르면 긴 창도 두 동강이 나고 단칼에 우리 측 병사들이 잘려나갈 만큼 속수무책으로 당할 수밖에 없었다고 한다. 우리나라에서는 임진왜란 때 왜구를 상대하기 위해서 도입하였다(그림 36).

그림 36. 쌍수도

예도(銳刀)

예도는 원래 '조선세법'이라고 불리던 우리나라의 고대 검법이었다. 하지만 우리나라에서는 문헌으로 전해지지 못하고 중국 명나라 때 장수인 모원의(茅元儀)가 편찬한 『무비지(武備志)』 권86 「진연제」편에서 본래의 검보를 찾았다. 모원의는 조선의 검법을 구하여 실으면서 "이는 본디 조선세법(朝鮮勢法)……"이라고 하여 조선에서 구한 것을 명시하였다.

원래 양날의 검으로 구사하는 검법이지만 『무예도보통지』에는 '예도'라는 이름의 도법(刀法)으로 실려 있다. 또한 당시에 별도로 수련하던 속보로 '예도총도'를 함께 실었다(그림 37).

그림 37. 예도

왜검(倭劍)

왜구들이 칼을 휘두르면 막을 자가 없을 정도로 왜검은 그 위력이 대단하였다. 우리나라에서는 숙종 때 김체건이 일본에 들어가 검보(劍譜)를 얻어 그 기예를 전하였다고 한다. 왜검에는 토유류(土由流)·운광류(運光流)·천류류(千柳流)·유피류(柳彼流)의 네 종류가 전하고 있다. 이는 현재 일본에서도 그 모습을 찾기 힘든 고대의 검법으로 십팔기에만 유일하게 남아 있다(그림 38).

그림 38. 왜검

교전(交戰)

김체건이 전한 왜검에서 공격과 방어를 연습하기 위해 짜여진 교전법(交戰法)이다. 원래는 왜검으로 수련하였으나 후에 요도를 사용하게 되었다. 연습 중에는 목검을 사용하여 찔리거나 베이는 것을 막는다. 왜검은 적을 알고 나를 알면 싸움에서 이길 수 있다고 하는 정신에 입각해 익힌 무예로 여기에서 파생된 교전은 궁극적으로는 왜검을 제압하기 위한 목적에서 만들어졌다.

제독검(提督劍)

명나라 제독 이여송이 전한 검법으로 예도와 같이 요도(腰刀)를 사용한다. 14자세로 이루어져 있으며, 원래는 칼날이 똑바로 뻗어 있는 직도(直刀)를 사용하여 벨 때는 도(刀)의 이점을, 찌를 때는 검의 이점을 이용하는 검법이었다.

본국검(本國劍)

예도와 마찬가지로 요도를 사용하며, 일명 신검(新劍)이라고도 한다. 신라의 화랑에서 기원된 고대 검법이다. '본국'이라는 명칭에서도 알 수 있듯이 무예의 종주국으로서 자주적이며 진취적인 기상을 드러내고 있다. 본래는 양날의 검을 사용하는 검법이었을 것이지만 십팔기로 정리되던 당시에는 이미 도법으로 사용하였다. 전후좌우로 공격과 방어를 구사하도록 구성되어 있다(그림 39).

그림 39. 본국검

쌍검(雙劍)

두 자루의 칼을 양손에 쥐고 사용하는 검법으로 십팔기 가운데 난이도가 높은 무예이다. 양손을 동시에 사용하여 공격과 방어를 구사하므로 매우 위력적이다. 쌍검에 사용되는 칼은 암수를 한 쌍으로 하여 하나의 칼집에 꽂았다가 뽑아서 사용하지만 일반적으로 환도(還刀) 가운데 작은 칼을 사용한다(그림 40). 쌍검은 민간에서는 쌍검무의 형태로 전승되어 널리 사랑을 받았다. 쌍검은 또한 말 위에서도 사용하는데, 마상 쌍검은 말 위에서 두 손으로 칼을 쥐고 구사하는 무예이므로 더욱 난이도가 높다.

그림 40. 쌍검

월도(月刀)

월도는 자루 길이 6척 4촌(135cm), 날 길이 2척 8촌(59cm)의 대도(大刀)의 일종으로 폭이 넓고 큰 날이 옆으로 누운 달 모양과 같다고 하여 '언월도(偃月刀)' 라고 부르기도 한다. 칼 중에 가장 큰 것으로 그 움직임이 크고 활달하여 매우 위협적이다(그림 41). 말 위에서 사용하는 마상월도는 조선 후기 거기보(車騎步) 전법에서 기병이 사용하던 무예로 먼저 삼혈총을 사용하여 원거리에서 공격을 하고 이어 월도를 사용하여 공격을 하였다.

그림 41. 월도

협도(挾刀)

협도는 자루 길이 7척(147cm)의 봉에 날 길이 3척(63cm)의 날을 끼워 칼을 더 멀리 강하게 사용할 수 있도록 한 것으로 장도(長刀), 혹은 날의 모양이 눈썹 끝과 같이 생겼다고 해서 미첨도(眉尖刀)라고도 불린다. 중국이나 일본에서도 모두 중시하던 무예였다. 사도세자는 협도를 특히 중요하게 생각했는데, 이는 자루가 있어서 원거리와 근거리에 모두 사용할 수 있는 이점이 있기 때문이었다(그림 42).

그림 42. 협도

등패(籐牌)

손가락 굵기의 오래되고 거친 등나무와 등나무 껍질로 만든 방패를 등패라고 한다. 등패는 요도 · 표창과 함께 사용하는데, 왼손에 등패를 잡고 손목 위에 요도를 얹는다. 그리고 오른손에 표창을 지닌다. 상대와 대적할 때는 먼저 표창을 던지면 상대가 반응을 하게 되는데 이때 맹렬히 뛰어 들어가며 환도를 사용하여 공격한다(그림 43). 등패는 원앙진을 구성하는 무예 가운데 하나로 최전방에서 상대와 맞서야 하기 때문에 몸이 가볍고 날쌔며 유연한 사람이 운용하는 것을 원칙으로 하고 있다. 등패 바로 뒤에는 낭선이 등패를 구원하도록 배치되어 등패와 낭선이 짝을 이뤄 진퇴를 번갈아 하면서 상대를 공격하고 방어한다.

그림 43. 등패

권법(拳法)

맨손으로 공격과 방어를 하는 기술을 권법이라고 한다. 권법은 원래 전쟁과 같은 큰 싸움에는 중요하지 않지만 모든 무예의 기초로서 무예를 익히기 위해서는 권법에서부터 시작해야만 한다(그림 44). 권법에는 손과 발을 사용해 치고, 찌르고, 잡아채고, 꺾고, 차고, 걸어 넘기는 등의 기술들이 포함되어 있다. 권법 수련을 통해 맨몸을 사용하는 기본적인 원리를 익히게 되면 이후 무기를 들었을 경우 무기의 특성에 따라 응용하여 운용하기 쉬워진다(그림 44-1).

그림 44. 권법

그림 44-1. 권법

곤봉(棍棒)

긴 장봉에 오리 주둥이 모양의 날을 단 것으로 가장 기본적인 무기 가운데 하나이다. 휘둘러 치는 기술과 찌르는 기술을 주로 구사한다. 곤봉은 모든 무예의 어머니라고 불릴 정도로 중시되었으며, 유가 경전의 『사서(四書)』에 비견되기도 했다. 곤봉[사서]을 익히게 되면 나머지 무예[육경(六經)]들은 자연스럽게 익혀진다는 것이다(그림 45). 곤봉은 협도곤이나 구창과 마찬가지로 북방의 기마 민족과 대항해 싸울 때 매우 효과적이었다. 무장한 기병이 달려들 경우 장창은 너무 길어서 부러지기 쉽기 때문에 곤봉이나 협도곤(夾刀棍) 등으로 대체하여 사용하는 것이 보다 효과적이었다. 『연병지남』에는 살수대에서 장창 대신 대봉이나 도곤(刀棍)을 사용하는 법이 보인다.

그림 45. 곤봉

편곤(鞭棍)

편곤은 긴 봉에 짧은 봉[자편(子鞭)]을 쇠줄로 연결한 것으로 도리깨와 비슷한 모양을 가지고 있다. 긴 봉은 길이 8척 9촌(약 187cm), 짧은 봉은 길이 2척 2촌 5푼(약 47cm)으로 휘둘러치는 데 매우 유용한 무기이다(그림 46). 편곤은 보병이 사용하는 보편곤(步鞭棍)과 마병이 사용하는 마상편곤이 있다. 둘 다 규격은 동일하나 마상편곤은 말의 기동력에 휘둘러 치는 힘을 배가하기 때문에 더욱 위력적이다(그림 46-1).

그림 46. 편곤

그림 46-1. 마상편곤

십팔기의 수련 및 비교

십팔기의 수련 과정

앞에서 살펴본 것처럼 십팔기는 18가지나 되는 방대한 무예들로 구성되어 있다. 과연 이러한 무예들을 어떻게 수련했을까? 수백 년 동안 정리되는 과정에서 분명 효과적이면서 효율적인 수련 체계와 측정 체계가 나름대로 갖추어졌을 것이라고 추정할 수 있다. 수련 순서나 방법, 그리고 수련의 정도를 측정하는 것에도 나름대로 방법이 있었을 것이다. 그렇다면 과연 어떻게 이런 일련의 과정들이 이루어졌을까?

이에 대한 대답은 먼저 『무예도보통지』 권4의 「권법편」에서 찾을 수 있다. 「권법편」에서는 권법의 효용성과 가치에 대해서 다음과 같이 말하고 있다. "권법은 큰 싸움[전쟁]과는 관련이 없는 기술처럼 보이지만 손발을 활발하게 움직이고 지체를 부지런히 하여 처음 배우는 자가 무예에 들어가는 문이 된다." 이어서 모원의의 글을 인용하여 비유하기를 점획을 익힌 다음에 팔법(八法)을 가르칠 수 있고, 안장에 앉는 법을 익힌 후에 말타는 법을 가르칠 수 있다고 하였는데, 모두 권법이 기초가 됨을 강조한 것이다.

권법을 익히게 되면 수법(手法) · 보법(步法) · 신법(身法) 등이 익숙해

지며, 궁극적으로 무예에 필요한 기본 원리들을 깨닫게 됨으로써 여타 병장기를 익히는 데 한결 수월하게 된다. 수법은 상대방을 직접 가격하거나 방어하는 원리를 말하며, 보법은 걸음을 걷고 움직여 몸을 이동시키고 발로 공격하는 기술을 말한다. 그리고 신법은 몸의 신축 혹은 회전을 통하여 운동의 역량과 폭을 조절하는 법을 가리킨다. 이러한 움직임의 이론은 다른 무기를 사용할 때도 똑같이 응용되는 것들이다. 그래서 권법을 배울 때는 모름지기 신법은 활발하면서 민첩해야 하며, 수법은 빠르며 날카로워야 하고, 각법[보법]은 가벼우면서도 굳건하고 나아가고 물러남은 적절하며, 다리는 차고 오르듯이 날렵해야 한다고 하였다.[37]

권법을 익힌 다음 곤봉을 수련했다. 곤봉은 모든 무기의 으뜸[百兵之首]이라고 하여 예로부터 중시되던 무기였다. 곤봉 기술은 크게 찌르고 치는 공격 기술과 방어 기술로 나뉘는데, 『무예도보통지』「곤봉편」에서는 곤봉의 끝에 오리 주둥이 모양의 날을 달아 찌르는 것의 이점을 강조하고 있다. 척계광 역시 권법에 이어 곤봉을 익혀야 한다고 주장하며, 심지어 곤법의 중요성을 유가 경전의 『사서(四書)』에 비유하기도 하였다.

> 곤(棍)을 사용하는 것은 『사서(四書)』를 읽는 것과 같다. 구(鉤) · 도(刀) · 창(槍) · 파(鈀)는 각각 하나의 경(經)을 익히는 것과 같다. 『사서』를 이미 이해했다면 『육경(六經)』의 이치 또한 이해가 된다. 만약 곤을 사용할 수 있다면 각각의 날카로운 무기의 사용법 또한 이를 통해서 습득할 수 있을 것이다.[38]

37. 『기효신서』(조선본) 권5, 「수족편」.
38. 『기효신서』(조선본) 권4, 「수족편」.

권법 · 곤봉을 익히고 난 후에 구 · 도 · 창 · 파와 같은 기타 병장기를 익히는 것이 무예 수련의 순서였다. 모든 무예는 공통적인 기초 기술 위에서 각각의 병장기의 장점을 살리는 방향으로 수련을 하였던 것이다. 특히 이런 일련의 배움 과정에서 겉으로만 화려한 동작[화법(花法)]들을 익히는 것을 금지하였는데 이는 실전을 중시하였기 때문이었다. 예를 들면, 등패에서 구르는 동작이나 구겸(鉤鎌)이나 차(叉) · 파(鈀) 등에서 몸을 돌려 뛰며 치는 동작과 같은 것들은 모두 화법으로 이로움이 없을뿐더러 배워 익혀도 사람을 그릇되게 하는 제일 첫 번째 것들로 모두 금지하였다.

무예 수련과 시험[39]은 각 무예의 특징들을 제대로 이해하고 상황에 따라서 적절히 구사할 수 있도록 하는 것이 기본 목표였다. 긴 무기[장병]는 긴 무기 대로의 장점을 발휘해야 하고, 짧은 무기[단병]는 짧은 무기대로의 장점을 최대한 이용할 수 있어야 하며, 경우에 따라서는 긴 것을 짧게도 쓰고 짧은 것을 길게도 쓸 수 있어야 어느 정도 수준에 도달한 것으로 보았다.[40]

결론적으로 무예 수련과 비교에서 추구하는 최고의 경지는 힘은 맹렬해야 하고 움직임은 규정된 법식에 어긋나지 않으며, 빠르고 숙련되어서 마음먹은 대로 자유자재로 움직이고 반응할 수 있는 득수응심(得手應心)의 경지였다.

39. 무예의 실기 시험을 원래는 비교(比較)라고 하였다. 현재의 실기 시험과 같이 일정한 기준에 의해 기량을 평가하여 상이나 벌을 내려 권장하도록 하였다.

40. 긴 무기를 짧게 사용할 수 있도록 하는 것을 장병단용(長兵短用)이라고 하고, 짧은 무기를 길게 사용할 수 있도록 하는 것을 단병장용(短兵長用)이라고 한다. 두 가지는 모두 매우 중요한 무예 이론 가운데 하나이다.

찌르는[刺] 무예의 수련과 비교

십팔기 가운데 찌르는 무예는 장창 · 죽장창 · 기창 · 당파의 4종목이다. 찌르는 무예는 말 그대로 주로 무기를 앞으로 뻗어내는 힘을 이용해 상대의 요해[급소]를 찌르는 공격을 위주로 하고 있다. 찌르는 공격은 아주 단순한 공격이긴 하지만 가장 빠른 공격 노선을 따라 공격해 들어가는 방법이므로 상당히 위력적이다. 그래서 창은 무예계에서 "모든 무예 중 왕[武藝之王]"이라고 일컬어지기도 한다.

창은 보병뿐 아니라 기병에게도 매우 유용한 무기였다. 말을 타고 창을 사용하게 되면 달려 들어가는 속도를 이용할 수 있어서 공격력이 배가된다. 조선 전기에 화포나 궁시를 이용한 원거리 전투 기술과 결합되어 기창(騎槍)이 매우 중시된 것도 바로 이러한 이유에서였다(그림 47). 보병용 창이나 기병용 창 모두 1장 5척 정도의 길이의 창을 사용하였다. 물론 기본적인 규격은 이렇지만 실제로는 서로 다른 길이와 무게의 창을 용도에 따라 사용하였을 것으로 보인다. 『경국대전』의 기록에 따르면 조선 전기의 창 길이가 15척 5촌, 무게가 30근이라고 되어 있는데, 이렇게 무거운 창이 실제로 사용되기에는 어려움이 있었을 것이다. 게다가 창과 같은 길이의 낭선 역시 무게가 7근이며, 창의 절반 길이에 해당하는 당파가 5근인 것을 감안하면 창의 무게가 크게 차이가 나지 않는 것도 이러한 추정을 뒷받침한다.

이렇게 수련용과 실전용으로 서로 다른 무기를 사용하는 것은 실전에서 그 효과를 극대화하기 위한 목적 때문이었다. 평소에 무거운 것을 사용하여 익숙해진 상태에서 가벼운 것을 사용하게 되면 손이 빨라지게 되어 상대를 제압하는 데 유리하다는 것이다.[41]

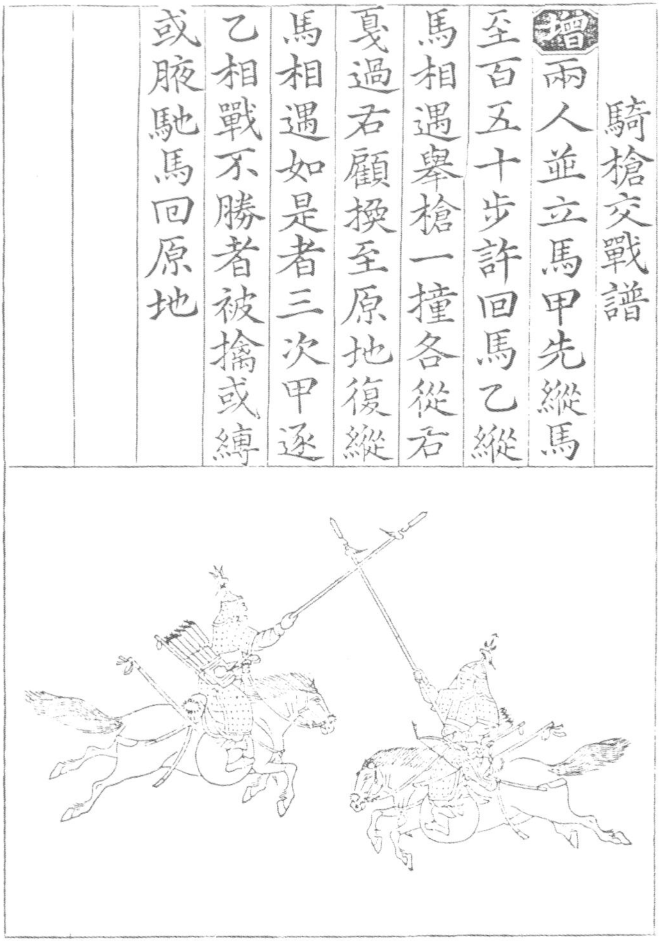
騎槍交戰譜

增 兩人並立馬甲先縱馬至百五十步許回馬乙縱馬相遇舉槍一撞各從右戛過右顧換至原地復縱馬相遇如是者三次甲逐乙相戰不勝者被擒或縛或腋馳馬回原地

그림 47. 『무예도보통지』 권1의 기창 교전

『무예도보통지』 편찬에서 참고하였던 『소림곤법천종』의 저자인 정종유(程宗猷) 역시 연습용과 실전용으로 서로 다른 창을 사용하여 수련하는 방법에 대해서 말하고 있다. 그는 『장창법선(長槍法選)』에서 세 가지 종류의 창을 사용하여 단련하는 법을 말하고 있는데, 1장 8척(12근), 1장 7척(9근), 1장 6척(7근)의 세 가지 창을 준비해 첫 번째와 두 번째는 연습용으로 사용하고 실전에서는 가장 짧고 가벼운 세 번째를 사용한다고 하여 같은 맥락의 수련 방식임을 알 수 있다.[42]

사실 이러한 방법은 당시에 매우 일반적으로 알려져 있던 것으로 손뿐 아니라 신체 각 부위를 단련하는 법으로도 활용되었다. 예를 들면, 다리의 힘을 단련하기 위해서 모래주머니를 착용하는 방법을 사용하였는데, 먼저 작은 무게에서 시작해 점점 무게를 증가시킨 다음 실전에서 적을 상대할 때는 모래주머니를 제거하는 것으로 이렇게 하면 발의 움직임이 빨라져 진퇴가 저절로 신속하게 된다. 몸을 단련하는 경우도 마찬가지로 무거운 갑옷을 입어서 몸에 무거운 하중을 주며, 점점 더 증가시켜 가면 실전에서는 몸이 가벼워져 빠르게 움직일 수 있게 된다.

창을 익힐 때는 먼저 진퇴(進退: 나아가고 물러남) · 신법(身法: 몸을 움직이는 법) · 보법(步法: 발의 움직임을 통하여 이동하는 법) · 대소문(大小門: 몸의 상단과 하단의 공격과 방어의 처리법) · 권(圈: 창끝을 둥글게 돌려 움직이는 법)을 배워야 한다. 창 끝을 둥글게 돌려 막는 권과 창으로 찌르는 관(串)의 수법을 충분히 연습하였다면 이어서 육진(六進: 여섯 가지의 나아가는 법) · 팔모(八母: 여덟 가지의 기본 창법) · 이십사세(二十

41. 『기효신서』(18권본) 권6, 「비교상벌편」.
42. 『장창법선』 「長槍式說」.

四勢: 24가지의 공격과 방어의 자세)의 창법을 익히게 된다.

이때 창의 운용에서는 원거리에서 길게 쓰는 방법뿐 아니라 근거리에서 짧게 쓰는 것도 함께 중시했다. 이를 무예 이론에서는 장병단용설(長兵短用說)이라고 하는데, 장병기가 가지는 단점을 보완하는 방법에 관한 이론이었다. 장창이 먼 거리에서 적을 공격할 수 있는 이점이 있기는 하지만 무기가 긴 것이 때로는 단점이 된다. 상대의 급소를 공격했지만 제대로 적중하지 못하거나 아니면 치명상을 입히지 못할 경우 오히려 상대의 반격을 당하게 되는데, 이때는 창자루를 급히 회수해 짧게 운용할 수 있어야만 한다. 이렇게 긴 병장기를 짧게 운용하는 법이 바로 장병단용의 방법이었다.

창법에서 중시했던 것은 다른 무예와 마찬가지로 숙련이었다. 창을 운용하는 것이 숙련되면 기술에 신경을 쓰지 않아도 마음대로 움직일 수 있으므로 마음이 안정될 수 있다. 그리고 마음이 안정되어야만 손의 움직임과 창법이 조화되어 움직일 수 있다(그림 48). 특히 활발한 움직임으로 보기에만 좋은 화법을 금기했는데, 이는 전투 대형에서 사용할 수 없기 때문이었다. 전투 대형 가운데서는 크게 뻗거나 뛰어 움직일 기회가 적고 또 그렇게 움직이는 것이 빠르지도 않기 때문에 화법은 배워서도 안 되며 배워도 또한 쓸모가 없기 때문에 금기시한 것이다.

창법에서 요구되는 진퇴 · 신법 · 보법 등은 이미 권법에서 익혀야만 하는 기초 기술이다. 그리고 대소문은 곤봉이나 당파 · 창에서 공통적으로 요구되는 내용이다. 창의 독특한 기술은 역시 권(圈)과 관(串) · 육진(六進) · 팔모(八母) · 이십사세 등이라고 할 수 있다. 이렇게 익힌 기술은 또한 군사들의 비교(시험)에서도 동일하게 적용되었다. 수법 · 신법 · 보법 등의 숙련도와 정확성이 시험의 기준이었다. 처음에는 혼자 혹은 둘이서

그림 48. 장창

연무를 하면 그 세(동작과 힘)의 정확성과 강함의 정도로 측정을 하였다. 이어서 두 사람이 대련을 하는 것으로 익힌 기술을 실제로 사용할 수 있는지를 측정하였다.

장창의 개인 연무에서의 기본적인 평가 기준은 힘 · 정확성 · 숙련도 · 속도였다. 예를 들면 장창의 개인 연무에서는 연무할 때 창자루가 부드럽게 떨리며 수법(手法)이 숙련되어 있는 자가 상등(上等), 그리고 두 사람이 서로 대적할 때는 상대의 창을 젖히고 들어갈 수 있는 자를 상등으로 치는 것 등은 모두 이러한 기준에 의해서 정하였다. 그리고 두 사람이 상대할 때 만약 상대의 창을 젖히고도 나아갈 줄 모르며, 상대가 들어오길 기다리면 하하등(下下等)이었다.[43]

당파의 평가 역시 비슷한 기준에 의해서 이루어졌는데, 두 사람이 한 줄로 서서 평상시처럼 운용했을 때 자루가 떨릴 정도로 힘이 있고, 또 개인 연무의 움직임이 숙련이 되어 있으면서도 빈틈이 없고 빠른 자를 상등으로 보았다. 그리고 당파는 장창과 서로 대적하는 것을 시험하였다. 원래 당파와 같은 짧은 무기로는 장창을 상대할 수 없는데, 이는 길이에서 이미 불리하기 때문이다. 그래서 장창으로 10번을 공격하면 9번은 막기 힘들다. 하지만 창이 유인하는 데 말려들지 않고 당파를 잡은 기세가 살아 있으며, 창이 공격해 들어올 때 쫓아 들어가며 걸음마다 당파 끝으로 창 끝을 살피면서 한번 치고 한번 찔러서 적중하면 상등으로 친다. 하지만 창이 들어올 때 손이나 몸이 동요하여 들어오는 창을 방어할 줄도 모르고 창에 당파가 걸쳐진 상태로 들어가는 자는 하등으로 여겼다.[44]

무예로서 창법은 그 이론 및 실기 면에서 체계적으로 완비가 되어 있었다. 다만 이러한 내용이 모든 군사들에게 동등하게 교육될 수는 없었다. 이는 단시간에 빨리 군사들을 훈련시켜 활용해야 한다는 이유 때문이었다. 가장 기본적이면서 필수적인 기술을 빨리 가르쳐 실전에서 사용할 수 있도록 하는 것이 군사 훈련의 가장 중요한 목적이었다. 『기효신서』에는 다음과 같이 기록되어 있다.

43. 『기효신서』(조선본) 권6, 「비교편」.
44. 『기효신서』(조선본) 권6, 「비교편」.

이상의 창법들은 대단히 복잡해 보인다. 병사들은 어리석은데 어찌 하나하나 모두 익힐 수 있겠는가? 다만 부득불 갖춰서 실어 놓는 것이니 스스로 용심(用心)이 있는 자는 정밀하게 가르칠 것이다. 병사들은 오직 봉(封) · 폐(閉) · 착(捉) · 나(拏) · 상란(上攔) · 하란(下攔)의 여섯 가지 창법만 익히면 된다. 봉 · 폐 · 착 · 나에는 대문과 소문이 있다. 이것이면 사용하기에 충분하다.[45]

실제 굉장히 다양하면서 체계적으로 정리되어 있는 기술 체계가 있었지만 모든 병사들에게 그 내용을 숙련시키기에는 현실적으로 무리가 있었던 것이다. 그래서 몇 가지의 기본 기술을 숙달시키는 것으로 만족하였던 것 같다. 그 기술이 바로 봉(封) · 폐(閉) · 착(捉) · 나(拏) · 상란(上攔) · 하란(下攔)의 여섯 가지였다.

찍어 베는 무예의 수련과 비교

십팔기에서 찍어 베는 무예에 분류되는 종목들은 쌍수도 · 예도 · 왜검 · 교전 · 제독검 · 본국검 · 쌍검 · 월도 · 협도 · 등패이다. 이 가운데 쌍검과 월도는 마상에서도 응용되는 무예들이다. 십팔기의 18종목 가운데 찍어 베는 무예가 12종목으로 약 70%를 차지하는 것을 보면 상당히 비중이 크다는 것을 알 수 있다.

찍어 베는 도검류의 무예는 직접적인 근접 전투에서 위력을 발휘하기 때문에 중시되었다. 전투 초기에는 원거리에서 화포나 조총 · 궁시 등을

45. 『기효신서』(조선본) 권3, 「手足篇」.

사용하지만, 사실 전투의 승패는 이후에 이루어지는 검법을 사용하는 근접전에서 결판이 나게 마련이다. 조총과 같은 화약 무기가 발달하더라도 전장에서 도검과 같은 냉병기를 완전히 대체하지 못하고 여전히 도검이 중시될 수밖에 없는 이유가 여기에 있었다. 게다가 훈련의 측면에서도 단병 무예는 상대와 직접적으로 접해야 하므로 사람의 심성을 강인하게 하여 두려움을 없애는 데 매우 중요했다.

찍어 베는 무예 가운데 쌍수도 · 왜검 · 교전은 모두 일본의 검술과 관계된 무예들이다. 왜구의 침입에서 가장 위력적이었던 무예 가운데 하나는 조총보다도 오히려 검술이었다. 왜검술이 위력을 발휘한 데는 두 가지 요인이 있었다. 하나는 우선 칼의 품질이 뛰어나다는 것이었다. 칼의 길이가 길면서도 오히려 가볍고 강해서 우리나라나 중국의 칼이 왜구의 칼을 따라잡을 수가 없었다. 심지어 왜구의 서슬 퍼런 칼날만 보고도 아군의 사기가 떨어지기 일쑤였다. 또 하나의 이유는 칼을 운용하는 검술에 있었다. 왜구의 칼은 매우 길어서 전장이 약 6척 5촌에 이르렀다. 우리나라나 중국의 칼은 왜구의 칼에 비해 상대적으로 길이가 짧기 때문에 왜구의 칼과 맞서 싸우기 힘들었다. 게다가 창과 같은 길이가 긴 장병도 왜구와 맞서 싸우기 힘들었는데 이는 왜구의 칼이 매우 날카로운데다 두 손을 사용하기 때문에 한번 휘두르면 두 동강나기 일쑤였기 때문이다. 또 왜구들은 눈과 손이 빠르고 상대를 유인하는 기술이 뛰어난데다 긴 칼을 가지고 한번 도약하면 1장이나 뛰어올랐다. 이런 왜구들이 이리 뛰고 저리 뛰며 칼을 휘둘러대면 아군이 속수무책으로 무너질 수밖에 없었다.

그래서 당시 중국과 우리나라는 왜구의 검법에 맞설 수 있는 검법을 개발하는 것이 중요한 과제였다. 쌍수도는 이러한 목적에서 개발된 검법으로 두 손으로 긴 칼을 사용하는 검법이다. 특히 우리나라에서는 직접적으

그림 49. 왜검

로 왜구의 검법을 습득하고자 노력해 왔는데, 이는 임진왜란을 계기로 더욱 시급한 과제가 되었다. 왜구의 검법을 익히고자 한 것은 이를 통해 궁극적으로 왜구의 검법을 극복하려는 의도에서였다.

직접 일본에 들어가서 검법을 익히거나 우리나라에 투항한 왜인에게서 익힌 검법을 토대로 정리한 것이 왜검이다. 왜검에는 토유류(土由流) 30자세, 운광류(運光流) 25자세, 천류류(千柳流) 38자세, 유피류(柳彼流) 18자세가 있다. 그리고 이 왜검 기술을 응용하여 겨루기를 만든 것이 바로 교전이다. 교전에는 25자세가 있다(그림 49).

임진왜란 등을 계기로 왜검에 대한 관심이 더욱 급증하고 이에 대한 정리와 대책이 세워졌지만 또 다른 한편에서는 전통적인 조선의 검법을 발굴하고 정리하는 작업도 병행되었다. 우리나라에서 전래되는 고대의 검법으로는 조선세법과 본국검이 있었다. '조선세법(朝鮮勢法)'은 우리 측 문헌에서는 기록을 찾아볼 수 없고, 오히려 중국의 문헌에 그 실체가 남아 있었다. 조선세법은 그동안 방치되어 오다가 조선 후기 대대적인 무예 정리 작업 과정에서 다시 발견된 것이다(그림 50). 본국검은 신라 화랑으로부터 그 기원이 시작되었다는 검법이다. 『무예도보통지』의 저자들은 본국검의 기원에 대해서 황창랑의 고사를 들어 설명하고 있는데, 사실 이러한 기록의 신빙성은 확인하기 힘들다. 그렇지만 당대 무예서를 편찬하면서 고금의 사실들을 고구해 신라 시대까지 그 연원이 거슬러 올라가는 검법을, 그것도 '본국'(검의 종주국)이라는 명칭을 사용해 주체적인 계승 의지를 표명한 당대의 시대정신을 읽을 필요가 있다. 이는 무예에 대한 자부심을 대내외에 표방하고자 했던 것으로 보인다(그림 51).

검법의 수련 과정은 조선세법(朝鮮勢法)에 관해 기록하고 있는 중국의 종합 병서인 『무비지(武備志)』에서 그 일단을 찾아볼 수 있다. 조선세법에서는 검법의 수련 과정이 먼저 안법(眼法)을 익히고, 이어 격법(擊法)·자법(刺法)·격법(格法)·세법(洗法)을 익히는 것으로 설명하고 있

그림 50. 『무비지』에 실려 있는 조선세법 가운데 탄복세(坦腹勢)

그림 51. 본국검 가운데 한 동작

다.[46]

안법은 외부의 정보를 읽어들여 상황을 살피고 대응하며 변화하는 출발점이 되는 눈의 운용법 및 시선의 처리를 말한다. 무예 이론에서는 눈과 손발의 움직임, 눈과 검 등 눈의 움직임과 기타 움직임의 배합에 대해서 강조하고 있다. 상대 동작에 얼마나 빠르게 반응하고 먼저 움직이는가가 무예의 승패를 좌우하는 중요한 요소라고 할 때 안법이 가장 기본적으로 요구되는 요소 가운데 하나임은 두말할 필요가 없다. 이후 본격적인 검법의 기초를 익히게 되는데, 격법은 날의 전단이나 중단을 활용해 치는 기술, 자법은 날의 끝 부분을 이용해 찌르는 기술, 격법(格法)은 상대의 병기를 차단하고 공격을 풀어버리는 방어 기술, 그리고 세법은 날의 전단을 스치듯 움직이며 베는 기술을 말한다.[47]

격자격세(擊刺格洗)의 사법(四法)은 검법의 기본이 되는 것으로 이러한 기본적인 기술이 조합을 이루어 수많은 변화 기술을 만들어 낸다. 동양의 많은 검법이 바로 조선세법에서 갈라져 나올 수 있었던 것도 바로 이러한 검법으로서 기본에 충실한 내용을 가지고 있었기 때문이다.

사법의 기본 기술을 익히고 나면 기본 기술이 조합된 응용 기술을 익히게 된다. 이러한 응용 기술은 검법의 경우 24가지가 있었다. 이를 24세라고 하는데, 각각의 세는 하나의 독립된 구조를 가지고 특정 상황에서 공격과 방어를 하도록 구성되어 있다. 예를 들면, 24세 가운데 제1세인 거정세는 거정-평대-퇴보군란의 세 가지 기본 기술이 조합된 하나의 독립

46. 조선세법은 그대로 계승되어 십팔기 가운데 한 종목으로 정착한다. 『무예도보통지』 편찬 시 '예도(銳刀)'로 이름만 바꾸어 그대로 수록하고 있다.

47. 격법에는 표두격 · 익좌격 · 익우격 · 과좌격 · 과우격의 다섯 가지가, 자법에는 탄복자 · 역린자 · 좌협자 · 우협자 · 쌍명자의 다섯 가지, 격법(格法)에는 거정격 · 선풍격 · 어거격의 세 가지, 세법에는 봉두세 · 호혈세 · 등교세의 세 가지가 있다.

그림 52. 조선세법 24세 가운데 요략세(撩掠勢)

세이다. 거정은 솥을 들어 올리듯 상대의 상단 공격을 들어 막으며, 방어에 연이어 상대를 수평으로 돌려 치며 베는 것[평대], 그리고 뒤로 물러나며 허리높이로 돌려 베는[퇴보군란] 세 가지의 조합 동작이 하나의 세를 이루는 것이다. 이런 식으로 24가지의 세를 익히게 되면 다양한 상황에서 이를 조합하여 응용할 수 있게 된다(그림 52).

고대에는 각각의 세를 통한 수련 방식과 함께 이를 하나로 연결하여 일관된 체제로 연습을 하는 총도[투로]의 수련 방식이 존재했다. 예도총도나 본국검 · 쌍검 · 쌍수도 · 제독검 · 월도 · 협도 등이 채택한 방식은 단세(單勢)의 수련 방식이 아닌 단세를 연결하여 기승전결의 시나리오를 갖춘 투로 수련 방식이었다.

찍어 베는 무예의 비교는 개인 연무와 두 사람이 함께 겨루는 대련의 두 가지로 이루어졌다. 개인 연무를 '무(舞)'라고 하고, 두 사람이 함께 겨루는 것을 '대(對)'라고 하였다. 왜검의 경우 두 사람이 나란히 서서 개인 연무[舞]를 하는데 빠른 속도로 하는 것을 상등(上等)으로 쳤다.[48]

이러한 방법 외에도 다양한 방법이 동원되었다. 예를 들면, 궁수와 총수는 각각 환도와 쌍수도를 소지하게 하는데, 마병이 접근할 경우 먼저 활이나 조총으로 공격하고 이어서 달려나가 칼을 가지고 마병을 상대하게 된다. 이때 마병에게는 길고 짧은 봉으로 말의 목과 마병을 대신하게 하고 도수들은 짧은 봉을 말머리로 가정하여 한칼에 베고, 이어서 긴 봉을 적병으로 생각하며 한칼에 베도록 한다. 또 머리를 낮추고 짧은 봉의 뿌리 부분을 말의 다리인 것처럼 한칼에 베고, 몸을 돌려 위로는 긴 봉을 말머리인 것처럼 한칼에 베는 것으로 시험을 보기도 했다. 법식에 맞는 자는 상을 내리고 법식에 어긋나면 기록을 하였는데, 세 차례 시도해도 실패한 자와 숙련되지 않은 자는 모두 엄벌에 처했다.[49]

찍어 베는 무예의 종류는 차이가 있지만 예도 · 쌍수도 · 쌍검 · 제독검 등의 검법은 모두 환도를 사용하는 무예들이다. 등패 역시 환도를 함께 사용하는데 특히 표창이 필수적이었다. 표창은 원거리에서 던져서 상대를 공격하는 무기인데, 표창의 시험은 다음과 같이 이루어졌다.

> 표창은 은전을 세 개 세우고 작은 삼십 보 떨어져 명중시키거나 혹은 위, 혹은 중간, 혹은 아래를 맞추면 숙련된 것이다.[50]

48. 『기효신서』(조선본) 권6, 「比較篇」.
49. 『연병실기』 권4, 「練手足」.
50. 『기효신서』(조선본) 권6, 「비교편」.

하지만 등패수에게 표창은 상대를 죽이기 위한 치명적인 무기가 아니었다. 단지 원거리에서 먼저 표창을 던져 상대의 시선을 빼앗는 것에 목적이 있었다. 표창을 던지면 피하지 않을 경우 상대가 맞을 것이고, 만일 피하게 되면 그 틈이 곧 허점이 된다. 이때를 놓치지 말고 치고 들어가는 것이 바로 등패의 사용법이다. 이러한 운용법이 바로 단병장용(短兵長用)의 기법이다. 환도는 단병에 속하므로 상대의 장병기와 대적하였을 때 상대가 빈틈을 보이지 않으면 공격해 들어갈 수가 없다. 그래서 먼저 표창을 던져 상대에게 맞히거나 혹은 상대가 이를 피하려고 할 때의 허점을 타고 들어가 공격하는 것을 중시하였다.

이러한 공격법을 위해서 등패수는 특히 몸이 작고 날렵해야 몸을 가린 채 상대에게 접근해 들어가 공격하기가 쉬웠다. 접전시에는 낭선과 함께 최전방에서 상대의 공격을 저지하며 치고 들어가 아군의 활로를 터주는 역할을 했다. 등패는 자세를 낮추고 들어가[低頭勢] 등패로는 상대의 무기를 막고 환도를 사용하여 공격하는 것이 주된 역할이었다. 공격의 목표는 기병일 경우 상대 말의 다리를 공격하고, 보군일 경우는 다리였다. 그렇지만 이러한 훈련이 무작정 이루어지는 것은 아니었다. 각각의 경우에 대해 이미 정해진 법식이 있어서 이것을 따라 훈련이 진행되었다. 아래의 내용은 등패 훈련의 실제적인 예를 보여주고 있다(그림 53).

> 등패는 중군에서 호포를 한번 울리고 흑방기를 올린다. 이것이 바로 패를 모으는 깃발 신호이다. 각각의 패수가 모이면 중군은 이름을 부르고 두 사람이 나란히 선다. (상대의 창이) 몸을 지나가도록 하여 막는 것이 묘이다. 머리를 낮춰 앞으로 나아간다. 기병[馬賊]을 상대할 때는 말의 다리를 베고, 보군[步賊]을 상대할 때는 상대의 다리를 벤다. 원래는 뒤로 물러나는 것이 있으

그림 53. 상단을 방어하며 상대의 하단을 공격하는 등패의 한 동작

나 진을 칠 때는 허용하지 않는다. 연무가 끝나고 나면 장창수와 대련을 한다. 창이 이르면 조급해하지 말아야 하며 먼저 움직이지 않아야 한다. 창이 일단 찔러 들어오면 창을 따라 창두를 뒤로 뺄 때 쫓아 들어간다. 또 들어가는 것을 멈추었을 때는 걸음걸음마다 창을 방어하며 사람을 방어해서는 안 된다. 패로는 창을 막고 칼로는 상대를 벤다. 오직 창수의 몸에 이를 수 있어야 상등이다. 연무가 아직 익숙하지 못하지만 대련이 익숙하면 중등이며, 연무가 익숙하지만 대련이 익숙하지 못하면 하등이다. 창이 이르기 전에 먼저 성급하게 움직이는 자는 담이 작기 때문이다. 그런 사람은 써서는 안 된다. 패도를 어지러이 사용하고 막을 줄 모르는 자는 하하등(下下等)이다.[51]

51. 『기효신서』(조선본) 권6, 「비교편」.

위의 인용문을 보면 등패수는 연습에서는 전진과 후퇴를 모두 익히지만 진을 형성한 상황에서는 후퇴가 허용되지 않았다. 이는 실전의 상황을 가상한 것으로 실전에서는 등패수가 뒤로 물러나게 되면 진이 무너지게 되어 적에게 허점을 보이게 되므로 금지한 것이다.[52]

등패수의 시험 규정을 통해서 몇 가지 중요한 무예 이론을 확인할 수 있다. 위의 문장에서 다음의 세 가지 내용을 뽑아서 보기로 하자.

A: 창이 이르면 조급해하지 말아야 하며 먼저 움직이지 않아야 한다.

B: 창이 일단 찔러 들어오면 창을 따라 창두를 뒤로 뺄 때 좇아 들어간다. 또 들어가는 것을 멈추었을 때는 걸음걸음마다 창을 방어하며 사람을 방어해서는 안 된다.

C: 패로는 창을 막고 도(刀)로는 상대를 벤다. 오직 창수의 몸에 이를 수 있어야 상등이다.

A, B, C는 비교의 기준에 대한 설명이지만 동시에 이것은 등패수의 움직임을 규정하는 하나의 이론 체계이기도 하다. A는 등패수의 심리적인 상태를 나타내는 것이다. 창은 장병에 속하고 등패는 단병에 속하므로 둘이 마주섰을 때 등패는 상대적으로 왜소하게 느낄 수 있다. 하지만 이 상황에서 상대 창의 움직임에 말려들면 안 된다. 그렇기 때문에 먼저 움직이지 말고 기다려야 한다고 한 것이다. 하지만 기다리는 것의 궁극적인 목표는 허점을 비집고 들어가는 데 있다(그림 54).

52. 옛날의 전법(戰法)에서는 공격 명령이 떨어졌는데 공격을 안 하고 머뭇거리는 것, 후퇴 명령이 없었음에도 불구하고 뒤로 물러나는 것, 뒤를 돌아보는 것 등은 군법에 회부되어 처벌을 받는 행위였다.

그림 54. 등패 · 창 교전의 한 장면

B는 창이 공격해 들어올 때 생기는 허점과 그 허점을 어떻게 이용하는가에 대해서 말하고 있다. 창이 찔러 들어오면 상대의 공격력은 창 끝에 집중하게 된다. 그런데 이 공격력은 연속적인 것이 아니라 팔의 굴신(屈伸)을 이용하기 때문에 한번 뻗어 다시 회수되었다가 출수하게 되어 있다. 그런데 바로 이때, 즉 팔을 쭉 뻗어 공격했다가 다시 뒤로 창을 회수하는 순간 빈틈이 생기게 되는데, B는 바로 그 순간을 놓치지 말고 따라 들어가 공격해야 한다는 것이다. 무예 이론에서 "상대의 힘이 지나간 다음의 부드러움을 이용하라[柔乘他力後]"는 말과도 통하는 의미이다. 그리고 연이어 들어가면서 걸음걸음마다 창을 방어하라는 것은 수법과 신법 · 보법이 나란히 움직여야 한다는 것을 말한다. 걸음마다 수법이 같이

움직여야 움직임에 틈이 생기지 않고 상대의 공격을 피할 수 있다. 그리고 창을 방어해야 한다는 것은 상대의 움직임 때문에 공격의 초점을 놓쳐서는 안 된다는 것이다.

C는 양손의 역할을 충실히 하며, 보법이 영활하게 움직여 상대 깊숙이 파고들어야 한다는 것을 말하고 있다. 이러한 보법의 운용은 이미 권법에서 언급된 것이다. 등패의 기술이 완성되었다는 것은 바로 앞에서 말한 표창을 던지고 난 후의 일련의 과정에서 위의 이론들이 실제적으로 구현되어, 빠른 속도로 들어가 재빨리 칼을 뽑아 상대를 제압할 정도가 되어야 한다는 것을 의미한다.

위의 예들을 통해 하나의 무예에도 여러 가지 원리들이 적용되어 훈련되고 수련되었다는 것을 알 수 있다. 그런데 무예 이론에는 어떻게 움직여야 한다는 적극적인 이론 체계도 있지만 또 이에 더하여 각각의 무예에 대해서 특별히 금지하는 내용도 있다. 무예 수련을 하다 보면 원래의 법식에 맞지 않는 것이 생기게 되고, 경우에 따라서는 보여주기 위해 겉보기에는 화려하지만 실전에서는 사용할 수 없는 쓸데없는 동작이 들어가기도 한다. 이렇게 실전에서 사용할 수 없으면서 겉보기에만 화려한 무예를 화법 무예(花法武藝)라고 하여 금지하였던 것이다. 등패로 가리고 구르는 것과 같이 동선(動線)이 큰 동작이나 기법이 화법에 해당한다고 하였다.[53] 화법은 어느 경우에도 금지시키는 내용이었다. 이는 실전적인 효과를 중시하는 군사 훈련의 특성을 반영하는 것이라고 할 수 있다.

53. 『기효신서』 18권본, 「기효혹문」 참조.

치는[擊] 무예의 수련과 비교

십팔기 가운데 권법과 곤봉 · 편곤은 치는 무예에 해당한다.[54] 이들 무예들은 주로 휘두르는 힘을 이용해 무기를 사용하는 것으로 다른 무예들에 비해 익히거나 사용하기 쉬운 것이 그 특징이다. 치는 무예는 여타 무예의 기본에 해당되는 무예라고 할 수 있다. 이미 앞에서 살펴보았듯이 권법은 모든 무예의 기초에 해당되었다. 실전에서는 별로 소용이 되지 않지만 무예를 익히기 위해서는 반드시 익혀야 하는 것이 권법이었다.

권법 수련에서는 권법 자체의 기술을 익히는 것도 중요하지만 몸을 단련해서 다른 무예를 익히는 기초를 만드는 데 중점을 두었다. 이러한 기초 기술을 익히기 위해서는 먼저 자세를 익히고 다음 각 세의 요구에 따라 연습을 하도록 했다(그림 55). 이렇게 익힌 내용은 대련을 통해서 실전에 응용할 수 있도록 연습해야 했는데, 권법의 수련에서도 이 부분이 매우 중요했다. 맨손 격투 기술을 일반적으로는 '수박(手搏)'이라고 하였는데, 또 권법을 익힌 다음에는 반드시 겨루어 봐야[試敵] 한다고 하였다. 이때 절대로 승패에 대해 집착하지 말고 이겼으면 어떻게 해서 이겼는지, 졌으면 왜 졌는지에 대해서 깊이 생각해 보고 오래도록 힘써서 수준을 높일 것을 충고하고 있다.[55]

권법의 비교는 9등급으로 나눠 등수를 매겼다. 『어영청중순등록』에는 각종 무예에 대한 시험에서 상을 내렸다는 기록이 있는데, 이 가운데 권

54. 『무예도보통지』 권4에서는 '치는 무예' 이 외에도 마상편곤 · 격구 · 마상재(馬上才)를 포함시키고 있다. 마상재는 원칙적으로는 이러한 분류와는 관계가 없지만 격구와 같이 무예 훈련에 도움이 되기 때문에 같이 분류되었다.
55. 『기효신서』(18권본) 권14, 「권경첩요편」.

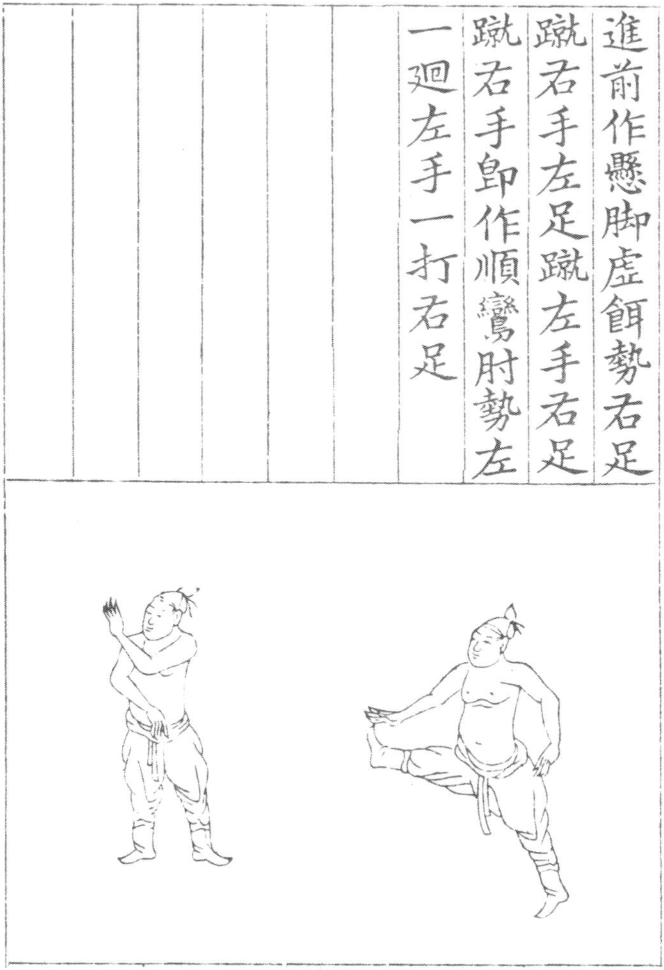

進前作懸脚虛餌勢右足
蹴右手左足蹴左手右足
蹴右手卽作順鸞肘勢左
一廻左手一打右足

그림 55. 『무예도보통지』 권4 「권법편」

법에 대한 것도 포함되어 있다. 대개 상하(上下)의 평가에 의해 무명 1필을 상으로 내리고 있음을 확인할 수 있다.[56]

곤봉 역시 권법과 함께 무예를 익히는 기본 기술로 중시되었다. 『무예제보』에서는 대봉이, 그리고 『무예제보번역속집』에서는 협도곤이 수록되어 있는데, 곤봉과 협도곤은 중요한 단병 가운데 하나로, 둘 다 적군의 갑옷이 견고하여 화살이 뚫지 못하고 맞혀도 치명적이지 못할 경우 사용하는 것으로 구겸(鉤鎌) 등의 무기로 상대를 말에서 끌어내린 후 봉을 사용하여 일격을 가해서 상대를 제압하는 데 사용되었다.

대봉과 협도곤은 명칭은 다르지만 실제적으로는 상당히 유사한 무기이며, 용법에 있어서도 거의 차이가 없었다. 『무예제보』에 나와 있는 대봉의 규격은 길이 7척, 무게 3근 8량, 날 길이 2촌으로 되어 있다. 또 『무예제보번역속집』의 협도곤은 길이 7척, 무게 3근 8량, 날 길이 5촌으로 대봉과 협도곤 양자의 차이는 단지 날 길이만 다르다는 것뿐이었다. 이렇게 두 가지의 무기가 외형상 차이가 없다는 것은 결국 그 기법에 있어서도 차이가 없다는 것을 말한다. 두 사람이 대타하는 법은 이미 『무예제보』에서 정리가 되었으므로 『무예제보번역속집』에서는 개인 연무하는 내용으로 보(譜)를 수록하고 있다.[57]

여러 무예 가운데 곤봉은 이론적으로 매우 정치한 수준에까지 오른 무예였다. 전통 사회에서 어떠한 실기나 이론 등을 배울 때는 익혀야 할 요점을 암기하기 쉽게 운율이 있는 시구의 형식으로 정리하고 있는데, 곤봉에 관한 내용을 몇 가지 살펴보기로 하자.

56. 『어영청중순등록』, 장서각 소장.
57. 『무예제보번역속집』 挾刀棍條

상대의 힘이 출발하기 전에는 강하게 치고 들어가며, 상대의 힘이 막 지났을 때는 부드럽게 흘려 버린다. 상대가 서두르면 나는 기다리며 누구와 싸우든지간에 치는 것을 알아야 한다.[58]

위의 가결에서는 상대와 겨룰 때 힘의 처리 기술에 대해서 언급하고 있다. 즉 상대가 치고 들어오는 과정에서, 상대가 치려고 출발하는 순간은 힘이 막 생겨나는 때이다. 이때는 아직 상대의 힘이 강하지 않으므로 내가 강하게 치고 들어가서 상대를 제압해야 한다는 것이 바로 상대의 힘이 들어오기 전에는 강하게 치고 들어가라는 것이다. 뒤의 상대의 힘이 막 지났을 때 부드럽게 상대의 힘을 흘려 버리라는 것은 상대의 힘이 이미 뻗어 나왔으면 강하게 맞받아 치는 것이 아니라 그 힘의 방향을 따라 흘려 버림으로써 부드럽게 상대를 제압하라는 의미이다. 그 다음 상대를 기다리라는 것은 상대가 먼저 허점을 보이도록 하여 제압할 것을 가리키고 있다. 또 다른 가결에서는 다음과 같이 말하고 있다.

음양은 서로 전환되어야 한다. 양손은 똑바르며 앞다리는 굽히고 뒷다리는 펴야 한다. 한번 찌르고 한번 들어 올리며 전신에 힘이 들어가며, 걸음걸음마다 앞으로 나아가면 천하무적이다.[59]

음양이 서로 전환되어야 한다는 것은 인체의 움직임 가운데 서로 대립되는 요소가 변화되면서 운용되어야 한다는 것을 나타내고 있다. 무예 이

58. 『기효신서』(조선본) 권5, 「수족편」.
59. 기효신서』(조선본) 권4, 「수족편」.

론에서는 동정(動靜) · 허실(虛實) · 강유(剛柔) · 쾌만(快慢) · 신축(伸縮) · 경중(輕重) · 기복(起伏) · 내외(內外) · 상하(上下) · 좌우(左右) 등 각종 대립되는 요소를 음양으로 나타내고 있다. 음양요전(陰陽要轉)은 바로 이러한 대립되는 요소가 서로 전환되어야 한다는 것을 나타낸다.[60] 앞다리는 굽히고 뒷다리는 펴야 한다는 것은 궁전보(弓箭步)라는 보형(步型)을 나타내는 것으로 이러한 보형은 상체가 앞으로 기우는 것을 막아주며 뒷다리에 힘이 들어가게 하고, 이로 인해 몸이 바로 서게 됨으로써 자신의 힘을 원활하게 활용할 수 있도록 해주는 이점이 있다. 한번 치고 한번 들어 올리는 것은 곤봉에서 매우 중요시하는 기술이다. 창과 같은 장병기와 대적할 때도 바로 이 기술을 사용하여 상대 창의 창신 안으로 치고 들어가 제압을 하였다.[61] 마지막의 내용에서는 수법과 보법이 따로 노는 것이 아니라 걸음걸음마다 연이어 기술을 함께 사용할 수 있어야 한다는 것을 강조하고 있다(그림 56).

두 사람이 대타할 때 상대의 힘과 봉의 위치에 따라 어떻게 해야 하는지에 대해서도 언급을 하고 있다.

> 두 사람이 대타를 할 때 상대가 약하게 하면 나는 강하게 하고, 상대가 강하면 나는 약하게 사용한다. 둘의 봉이 다 높으면 먼저 상대로 하여금 치도록 하고 나는 바로 들어가 (상대의 봉을) 누른다. 둘의 봉이 다 낮으면 상대로 하여금 먼저 들어 올리도록 하고 나는 바로 붙어 들어가며 연타를 친다.[62]

60. 김광석, 『본국검』, 32~33쪽, 동문선, 1995.
61. 기효신서』(조선본) 권4, 「수족편」.
62. 『기효신서』(조선본) 권4, 「수족편」.

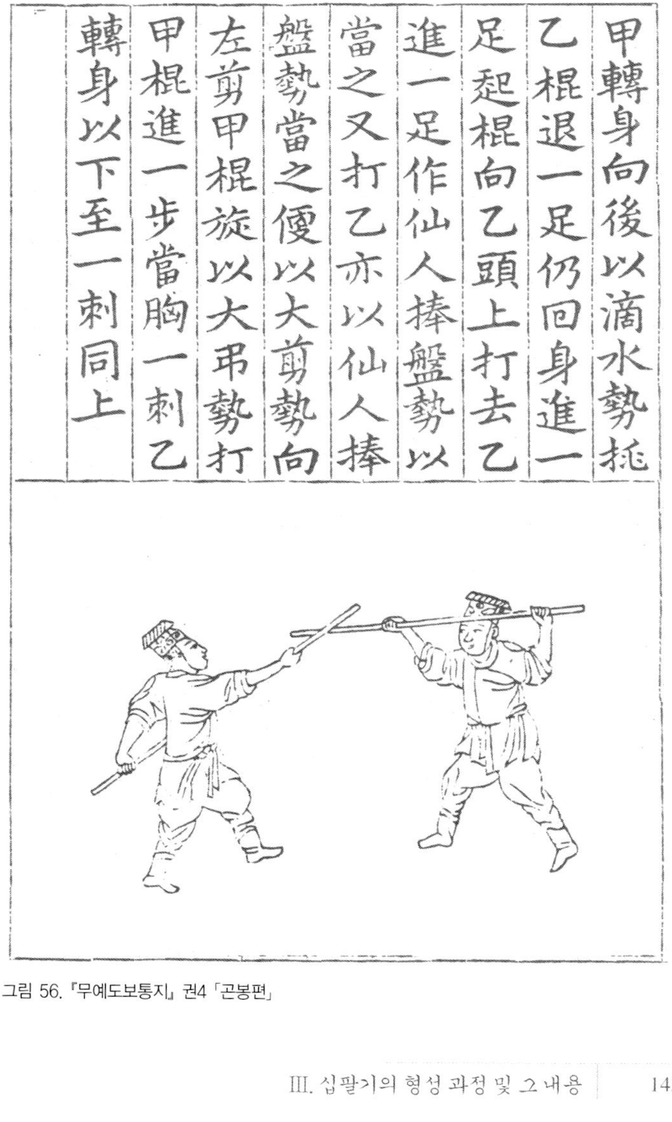

甲轉身向後以滴水勢抵
乙棍退一足仍回身進一
足起棍向乙頭上打去乙
進一足作仙人捧盤勢以
當之又打乙亦以仙人捧
盤勢當之便以大剪勢向
左剪甲棍旋以大弔勢打
甲棍進一步當胸一刺乙
轉身以下至一刺同上

그림 56.『무예도보통지』 권4「곤봉편」

그림 56-1. 곤봉

상대가 강하게 들어오면 강하게 맞서는 것이 아니라 약하게 맞서며 상대가 약하면 반대로 강하게 들어간다는 것이다. 또 높은 위치에 곤봉이 있을 경우 상대가 내려치도록 하여 그 힘을 이용해 눌러 공격하도록 하며, 낮게 있을 경우에는 들어 올리도록 하여 붙어 들어가 공격하는 것이 요점으로 제시되어 있다(그림 56-1). 이러한 요점은 결국 상대의 힘에 정면으로 맞서는 공격 방법을 통하여 상대와 직접적으로 맞부딪히기보다는 상대의 힘을 적절히 이용해야 한다는 것이다. 또 상대가 물러날 때 급히 따라붙지 말고, 상대가 급히 치고 들어올 때도 급히 물러나지 말라고 하였다. 이는 상대가 물러나는 것이 나를 끌어들이려는 유인책일 수 있기 때문에 조심해야 한다는 것, 그리고 상대가 들어올 때도 여유 있게 움직임으로써 다음 공격을 유리하게 하라는 의미를 담고 있는 것이다.[63]

한편, 힘의 운용에 있어서는 허리의 힘을 가장 중요하게 여겼으며, 다음이 뒷손, 그 다음이 앞손이었다. 앞에서도 언급했듯이 인체의 힘을 주재하는 것은 허리이다. 힘을 잘 쓰기 위해서는 허리를 제대로 사용하는 것이 가장 중요할 수밖에 없다. 또 봉을 찌르거나 운용할 때 주도적인 작용을 하는 것은 뒷손이다. 앞손은 방향을 조절하거나 뒷손의 보조적인 역할을 담당하게 된다. 그러므로 뒷손의 힘이 허리 힘 다음으로 중요하다고 할 수 있다.

이러한 곤법의 이론은 이미 당시에 무예 이론이 일정 수준 이상 정리되었으며 이론적인 체계 역시 확고하게 서 있었다는 것을 보여준다. 위의 여러 단계를 거쳐 익힌 곤법의 기술을 실제 적용하기 위해서는 실전과 같은 훈련, 그리고 시험을 통하여 지속적으로 관리가 되어야 했다. 당시 곤법에 대한 시험은 다음과 같이 실시되었다.

> 대봉은 중군(中軍)에서 신호포를 한 번 울리고 남방기(藍方旗)를 걸면 곤수(棍手)들이 모두 모인다. 중군의 화병(火兵) 역시 곤수이다. 두 사람이 서로 겨룰 때 내려치는 것이 소리가 나고 묵직하며 힘이 있고, 상대를 기다리지 않으며 쳐야 할 곳을 정확하게 치고, 상대의 곤(棍)을 내리눌러 젖히고 들어가며 또 기술의 가짓수[路數]가 많으면 상등(上等)이다. 치는 것이 힘은 없으나 익숙한 자와 힘이 있지만 아직 익숙하지 않은 자는 중등(中等)이다. 힘이 약하고 치는 것과 들어올리는 것이 느려서 적을 기다리는 자는 하

63. 『기효신서』(조선본) 권4, 「수족편」.

하등(下下等)이다.[64]

대봉을 위에서 아래로 내려칠 때 힘이 있어서 소리가 날 정도가 되어야 한다고 하여 힘을 중시하고 있음을 알 수 있다. 그리고 힘과 기술의 적절한 안배를 통하여 어느 하나만을 중시하는 것이 아니라 두 가지가 모두 다 중요하다는 점을 강조하고 있다. 이러한 시험을 위해서는 충분한 연습이 필요하였다. 연습에는 다음과 같은 방법을 사용하였다.

> 하루 동안 한번 내려치고 한번 들어올리는[一打一揭] 훈련을 스스로 익히게 하면 내려치고 들어올리는 것이 모두 소리가 나게 된다. 오래 되면 저절로 힘이 생겨 위로는 눈높이를 넘지 않고 아래로는 무릎을 내려가지 않는다.[65]

하지만 무예 이론에서 무엇보다 중요한 것은 단순히 몸의 단련이나 시험에 관한 내용만 정리된 것이 아니라는 것이다. 곤법의 이론 가운데 상당 부분은 이미 곤의 운용에 있어서 힘이 어떻게 변화되고 어떤 때 강하고 어떤 때 약한지, 그리고 그것을 이용해서 어떻게 상대를 공격하고 제압하는지에 대한 상세한 내용이 담겨 있다는 데 주목할 필요가 있다.

유대유(俞大猷)에 의해서 정리된 곤봉의 이론은 중국에서는 『기효신서』에, 그리고 우리나라에서는 『무예제보』에서 『무예도보통지』의 편찬에까지 큰 영향을 미쳤다. 유대유의 곤법 이론의 핵심은 바로 다음의 내용

64. 『기효신서』(조선본) 권6, 「比較篇」.
65. 『기효신서』(조선본) 권5, 「수족편」.

이라고 할 수 있다.

> 모두 상대의 세를 따르고 상대의 힘을 빌리는 것이다. 다만 빠르게 변화하고 또 나아가는 것 같으면서 실제는 물러나며 이후에 나아간다면 크게 이길 것이다. 묻기를 "어떻게 상대의 세를 따르며 상대의 힘을 빌릴 수 있는가?"라고 하였다. 대답하였다. "이것을 깨뜨리는 법을 안다면 지극히 묘하고도 묘한 요결을 얻는 것이다. 대개 상대의 힘이 어디에서 나오는가를 알아야 하며 나는 그곳에서 상대의 힘과 맞서서는 안 된다. 구력(舊力)이 약간 지나가기를 기다리고 새로운 힘이 나오기 전에 그것을 틈타고 들어간다. 이것이 상대의 세를 따르고 상대의 힘을 빌릴 수 있는 이유이다. 위에 있는 것은 아래로 내려오는 빈틈을 이용하며, 아래 있는 것은 위로 올라오는 빈틈을 이용한다. 모든 경우가 다 이러하므로 글로 다 쓰기는 어려움이 있다. 구(鉤)·도(刀)·창(槍)·곤(棍) 천보만보 나아가더라도 모두 상대의 구력이 약간 지나가고 신력이 나오기 전에 급히 들어가 압살하는 것일 뿐이다. 나는 "구력약과, 신력미발(舊力略過, 新力未發)" 이 여덟 글자를 지극히 묘하고도 묘하다고 생각한다! 앞의 치는 위치[拍位]에 대한 말도 모두 이러한 이치이다.[66]

위의 내용에 대해서 보다 자세히 분석하여 살펴보기로 하겠다. 인용문을 재구성하면 다음과 같다.

66. 『기효신서』(조선본) 권5, 「手足篇」.

A: 곤법의 핵심은 무엇인가?

B: 상대의 세를 따르고 상대의 힘을 빌리는 것이다.

A′: 상대의 세를 따르고 상대의 힘을 빌리기 위해서는 어떻게 해야 하나?

B′: 구력이 약간 지나가고 신력이 아직 나오지 않은[舊力略過, 新力未發] 순간을 이용해야 한다.

인용구는 단순하지만 곤법의 핵심을 다루고 있다. 곤법의 핵심은 상대의 세를 따르고 상대의 힘을 빌리는 것이다. 물론 이러한 내용이 단순히 곤법에만 적용되는 무예 이론은 아니다. 뒤에 이은 구(鉤)·도(刀)·창(槍) 등의 병기들에도 모두 적용된다고 하는 언급에서 이를 확인할 수 있다. 곤법을 중심으로 한 무예의 기본 이론이라고 이해하는 편이 옳을 것이다. 곤법의 핵심을 묻는 A질문에 대한 대답은 상대의 세를 따르고 상대의 힘을 빌리는 것이었다[B]. 상대의 세를 따르고 상대의 힘을 빌리는 방법에 대한 질문과 대답이 A′와 B′이다. 결국 무예 이론의 핵심으로 제시되고 있는 것은 구력이 약간 지나가고 신력이 아직 나오지 않은 순간을 이용해야 한다는 것이다.

그런데 구력이 지나가고 신력이 아직 나오지 않은 순간이란 어떤 순간인가? 우리가 힘을 쓴다고 하는 인체의 모든 동작은 굴근(屈筋)과 신근(伸筋)의 작용이라고 하는 두 가지의 복합적인 근육 운동에 의해서 이루어지는 것이다. 근육은 펴지면 굽혀져야 하며 반대로 굽혀지면 펴져야 한다. 구력이 막 지나갔을 때란 바로 어떤 동작, 예를 들면 주먹을 지르는 동작에서 주먹을 뻗었을 때 완전히 뻗기 직전의 순간을 가리킨다. 이때는 근육이 완전히 신전되는 상태로 다른 동작을 하기 위해서는 팔을 거두어들여야 한다. 주먹을 완전히 뻗기 직전이면서 동시에 새로운 동작[힘]이 나오기 바로 전의 상황이 바로 이 순간이다. 이 순간만큼은 힘이나 동작에 있어서 공백이 생기게 되는데, 바로 이 순간을 노리고 들어가야 상대의 세를 이용하여 힘을 빌릴 수 있다는 것이다.

『무예도보통지』의 저자들이 표방했던 것은 전래되는 무예에 대한 종합적인 정리와 이를 통한 조선 무예의 완성이었다. 저자들의 이러한 노력은 내용의 곳곳에서 묻어나고 있는데, 치는 무예에서도 예외가 아니어서 『무예도보통지』「곤법편」에서는 전래되어 오는 조선의 곤법뿐 아니라 곤법의 이론이 잘 정리되어 있는 정종유의 『소림곤법천종(少林棍法闡宗)』을 함께 싣고 있다. 또 「권법편」에서도 역시 황백가의 『내가권법』에 대한 내용을 수록함으로써 당대 무예에 관한 종합적인 이해를 도모하고 있다.[67]

67. 정종유는 1561년생으로 신안(新安, 오늘날 안휘성(安徽省) 휴녕(休寧)) 사람이다. 어려서부터 무예에 뜻을 두어 고명한 스승이 있다는 말을 들으면 천리 길을 마다하지 않고 찾아가 배움을 청할 정도로 열성적으로 무예를 익혔다. 수십 년의 수련과 연구를 통하여 깨달은 바를 1616년 책으로 펴냈는데, 이것이 바로 『소림곤법천종』이다. 정종유는 이외에도 『蹶張心法』『單刀法選』『長槍法選』 등 여러 무예서를 저술하였다.

Ⅳ.
근·현대의 십팔기

근대의 한국 무예

현대 십팔기의 계승과 발전

그림 57. 조선 시대 전통 군대를 재현한 국군 전통의장대

근대의 한국 무예

조선 후기를 거치면서 십팔기는 일관되게 국가의 공식 무예로서 기능하였다. 이는 조선 후기 군제의 근간을 이루고 있는 훈련도감 · 어영청 · 금위영 · 총융청 · 수어청의 오군영, 그리고 수원 화성의 장용영 등에서 모두 십팔기가 기본 무예로 활용되었던 것에서도 알 수 있다. 그러나 전장(戰場)에서 십팔기와 같은 전통적인 무예의 중요성은 시간이 갈수록 약화될 수밖에 없었다. 왜냐하면 조총과 같은 화약 무기의 성능이 향상되고 본격적으로 사용됨에 따라 창이나 도검류와 같은 무기들의 효용성이 점점 더 줄어들었기 때문이다. 초기 조총의 성능이 좋지 못할 때는 조총의 보조 무기로서 중시되었지만 조총의 성능이 향상되면서 이마저도 필요 없게 되었다. 과학 기술의 발달로 십팔기가 전쟁을 위한 무예로서 그 기능을 잃어버릴 것이란 것은 이미 예견된 수순이었다.

이미 전대에 이런 예측이 가능케 하는 현상들을 발견할 수 있다. 십팔기 가운데 찍어 베는 무예가 전체의 70%를 차지한다는 것 역시 이미 무예의 대세가 도검류(刀劍類)로 넘어가고 있다는 것을 암시한다. 이는 도검류가 화약 무기의 보조적 무기로서 상대적으로 더 효용성이 컸기 때문에 생기는 현상이었다. 조총수는 환도를 함께 소지함으로써 원거리 무기로 조총을 사용하고, 근접전과 호신용 무기로 환도를 사용하였는데, 당시

이는 매우 효과적인 무기 조합 체계였다. 이러한 현상은 조선 후기 각 군영의 무기 체계의 편제에서도 살펴볼 수 있다. 1808년 편찬된 『만기요람(萬機要覽)』에는 당시의 상황이 잘 나와 있다.[68]

훈련도감의 경우 이미 편제가 조총이나 대포 · 화약류 등의 무기로 개편되어 있었다. 조총이 8,239자루, 마상총(馬上銃) 205자루, 동포(銅砲) 119좌(坐), 호준포(虎蹲砲) 17좌, 순환포(循環砲) 10좌, 홍이포(紅夷砲) 2좌, 불랑기(佛狼機) 65자루, 4호(四號) 15자루, 5호 50자루, 자포(子砲) 335자루, 동소총(銅小銃) 11자루, 삼혈총(三穴銃) 153자루 등에서 보듯이 다양한 대포와 조총이 주된 무기였으며, 활 10,558장(張)이 함께 사용되었다. 이 외에도 쇠뇌와 같은 장거리 무기가 상당수 편제되어 있었다. 십팔기에 관련된 무기로는 환도가 7,219자루로 대표적이었다. 이 외에 편곤이 2,774자루로 여전히 중시되고 있었으며, 월도 30자루, 협도(挾刀) 26자루 등에서 알 수 있듯이 여타 무기들은 상대적으로 적은 것을 알 수 있다. 편곤은 보편곤의 형태로 보병이 사용하기도 하지만 기병의 주된 무기 가운데 하였다. 원거리에서 삼혈총과 같은 화기를 사용하고 근접전에서 편곤을 사용하게 되면 상당히 위력적이었기 때문에 조선 후기까지 여전히 중시되었다.

금위영 역시 조총 13,638자루, 환도(環刀) 11,637자루, 활 6,781장(張), 당파창(鏜鈀槍) 14자루, 장창 13자루, 삼지창(三枝槍) 1자루, 단창 6자루, 죽장창 7자루, 언월도 10자루, 월도(月刀) 10자루, 협도(挾刀) 209자루 등으로 편제되어 있는데, 조총 · 환도 · 활 등이 주된 무기 체계임을 알 수 있

68. 1808년에 서영보(徐榮輔) · 심상규(沈象奎) 등이 왕명에 의해 편찬한 책으로 19세기 초반의 사회 경제사, 군사제도, 정책 등을 이해하기 위한 매우 중요한 사료이다. 10여 종의 판본이 있는데, 일제 식민지 시대 때인 1938년 조선총독부 중추원에서 교감한 활판본을 간행하였다.

다. 하지만 예외적으로 협도가 중시되었음을 알 수 있다. 이러한 무기 체계는 어영청이나 총융청 모두 동일하였다. 편곤 · 월도 · 협도 등이 여전히 사용되기는 했지만 근접전의 주된 무기는 환도였다. 이러한 현상은 시간이 가면 갈수록 더해질 수밖에 없었다. 이후 다른 여타의 무예들은 무예 전통을 계승하는 의장 · 의전용으로서만 활용된다(그림 57).

창검을 운용하는 전통적인 무예는 근대화 과정에서 그 형태가 변화될 수밖에 없었다. 그 대표적인 경우가 체육 활동으로 전환되는 것이었다. 일본의 경우도 무도(武道) 도장이 생기고 평민들에게 무도가 교육되기 시작한 계기는 조총과 같은 화약 무기가 발달하는 것과 밀접하게 관련이 있다. 조총은 창검처럼 오랜 기간 훈련을 받지 않아도 쉽게 사용할 수 있었고, 또 매우 위력적이었기 때문에 예전처럼 사무라이와 같은 직업적인 무사들이 많이 필요하지 않게 되었다. 직업을 잃게 된 사무라이들이 개인적으로 도장을 열어 사람들을 가르치기 시작하면서 무예가 체육 활동의 하나로 정착하게 된다.

하지만 우리나라의 경우는 일본처럼 무예 종목이 자연스럽게 체육 종목으로 전환되는 계기를 가지지 못했다. 특히 19세기 후반으로 가면서 빈번한 민중 봉기와 이양선의 출몰, 서구 열강의 문호 개방 요구 등으로 인해 정치적인 상황이 매우 불안정했던 것도 하나의 원인이 되었다(그림 58). 당시의 이러한 상황에서 조선 정부는 대외적인 군사력 강화라는 측면보다는 신변 보호를 위한 호위군을 강화하는 방향으로 군제를 변화시킴으로써 오히려 전반적으로 군사력이 약화되었다. 이러한 상황은 시간이 갈수록 악화되었으며, 급기야 1876년 강제로 문호를 개방하게 된다.

전통적인 무예들은 이미 전투력을 강화하기 위한 목적으로는 일정한 한계를 가지는 상황이었기 때문에 군사적인 주목적을 이루기 위한 수단

그림 58. 1910년에 실시된 여자 궁술대회

그림 59. 일본식 군사 훈련 과정

으로 활용되기는 어려웠지만 무예가 가지는 신체 단련을 통한 강인한 심성을 기르도록 하는 특성으로 인해 군사 훈련에 활용될 여지는 충분히 있었다. 하지만 19세기 후반에 들어서면서는 이미 일본 · 러시아 등의 군사 제도와 방식들이 도입되고 훈련되기 시작하면서 전통적인 군사 훈련을 계승하는 데는 어려움이 있었다(그림 59).

주목할 만한 것은 일반 교육 제도 속에서도 주체적인 무예 전통의 계승 노력이 있었다는 것인데, 1883년(고종 20)에 설립된 최초의 근대 학교인 원산학사의 교육과정에서는 문예반 50명과 무예반 200명을 선발해 교육하였다. 당시 무예반이 편성된 것은 일본의 무력적인 위협이 계속되는 상황에서 이를 타개하기 위한 노력의 일환이었다. 미약하기는 하지만 이러한 무예반의 편성을 통해서 무예 전통을 계승하려는 주체적인 시도는 매우 고무적인 것이었다. 하지만 조선의 무예 전통에 일대 변화를 가져온 계기는 1907년 8월 1일 일어난 군대 해산이었다. 일본의 강압에 의해 이루어진 전통 군대의 강제 해산은 조선의 독자적인 군사 조직의 와해로 이로 인해 국가의 주권이 외세에 의해 좌우되는 지경에 이르렀다.

군대 해산을 계기로 뿔뿔이 흩어진 무인들은 일제에 대한 의병 항쟁에 합세하게 된다. 일반 백성이 중심이 되고 유생들의 지도로 이루어졌던 의병 항쟁에 무인들이 합세함으로써 보다 체계적이며 적극적인 항쟁으로 발전하게 된다. 이후 한일합방 이후 일제 식민 치하에서는 한국의 전통적인 문화가 탄압을 받고 견제의 대상이 되었다. 특히 무예와 같이 사람의 심성을 강인하게 하는 호전적인 활동은 전면적으로 금지될 수밖에 없었다. 일제는 이러한 상황에서 자국의 무예를 한국에 이식시키는 활동을 차근차근 진행시켰는데, 우리의 학교 제도 속에 일본의 무술들이 편입된 것이 바로 이 시기이다.

그림 60. 검도 훈련을 받고 있는 조선 여학생들

1914년 발표된 '체조교수요목'에 따르면 일제는 검술(劍術)과 유술(柔術)을 학교 체육 과목으로 가르치는 것을 명문화하고 있다. 이는 이후 1926년 발표된 '체조교수요목' 개정안에서 검도와 유도로 명칭만 바뀐 채 여전히 중시된다. 일제에 의한 무도 종목의 학교 교육 체재로의 편제는 군국주의 신민 양성이라는 일관된 식민 통치의 일환으로 취해진 조치였다(그림 60).

동아시아에서는 전통적인 무예 종목이 시대 변화를 겪으면서 체육 종목으로 성격이 바뀌는 단계를 거친다. 일본이나 중국 모두 비슷한 과정을 겪었는데, 다만 우리나라의 경우 이러한 변화를 주체적으로 이끌어내지 못하고, 구한말의 어수선한 상황에서 한일합방을 겪었고 일본의 무도 문화가 강압적으로 이식됨으로써 전통적인 무예 문화를 계승할 기회를 상실하게 되었다. 이러한 일본식 무도 문화는 이후에도 줄곧 한국의 주류 문화로서 자리매김하여 오늘에 이르고 있다.

현대 십팔기의 계승과 발전

1945년 8월 15일 우리나라는 일제 식민지 치하에서 벗어나게 된다. 35년이라는 긴 세월 일제 치하에서 시달리던 우리 민족에게 해방은 현대사의 새로운 첫걸음을 내딛게 하였다. 당시는 우리의 무예 전통이 거의 남아 있지 않은 상황이었다. 게다가 광복이 되고 나서도 여전히 일제 지배하에서 받았던 영향을 벗어나기 힘들었다. 1940년대 중반 일본에서 유학했던 이원국에 의해 가라테가 도입되어 '당수도(唐手道)', '공수도(空手道)'라는 이름으로 보급되기 시작했다. 이후 청도관(靑濤館), 조선연무관 공수도부(空手道部), 무덕관(武德館), 송무관(松武館) 등 여러 도장들이 생기면서 본격적으로 당수도(혹은 공수도)가 알려지기 시작했다. 이는 후에 '태수도(跆手道)'로 명칭이 바뀌었다가 1965년 '태권도'라는 공식적인 명칭으로 사용된다.

유도와 검도는 이미 일제 식민지 시대부터 학교의 공식적인 교과목으로 자리잡은 상태였으며, 여전히 사회적으로 중시되는 무도 종목이었다. 이는 유도와 검도를 수련한 기득권층에 의해 사회 전반에 뿌리를 내린 결과였다. 특히 우리나라의 경우 이러한 무도 종목들은 다른 나라들과 달리 특수하게 발전하게 되는데, 그 하나는 무예의 기원에 대한 왜곡으로 나타났다. 일제 식민지 시대에 시작되었거나 혹은 이와 관련이 있는 무도 종목들은 해방이 되면서 일제 잔재 청산이라는 민족의 과제에 대해 나름대로의 논리를 개발해야 했는데, 그 가운데 하나가 바로 무예의 기원에 대한 왜곡이었다.

태권도나 유도 · 검도 모두 이러한 작업에 열중하게 되는데, 해당 무예의 기원을 고조선이나 삼국시대 등으로 올려 잡고, 모두 한국에서 일본으로 건너간 것이라는 주장을 통해 일본과 관련된 사실을 부인하려 들었다. 이는 우리나라 근현대사에서 보이는 일종의 콤플렉스 같은 것이었다. 서구 유럽이나 미국 등에서는 같은 가라테나 유도 · 검도에 대해서 아무런 자격지심을 갖지 않지만 유독 우리나라에서는 일제 식민 지배의 기억 속에서 자유로울 수 없었던 것이다.

이후 등장하기 시작한 합기도 역시 고대 한국의 무예가 일본으로 건너가 체계화되어 다시 한국으로 건너왔다는 논리로 한국 무예 기원설을 주장하고 있는데, 이런 주장 자체가 앞의 태권도나 검도 · 유도 등의 논리와 일맥상통한 것이다. 하지만 합기도는 일본의 유술에서 유래된 것으로 최용술 씨에 의해 최초로 한국에 알려지기 시작했다. 초기 합기도는 '합기유권술' · '유술' · '야와라' 등으로 불리다가 이후 '합기도'로 정착된다.

물론 검도나 유도 · 태권도 · 합기도 등은 일본에서 유래된 것이기는 하지만 한국에 정착하는 과정에서 나름대로 변화하면서 적응하였다. 검도는 『무예도보통지』에 등장하는 본국검을 재현해서 수련한다는 것을 보임으로써 일본 검도의 색채를 벗고자 하였고, 태권도는 발기술 위주의 경기화를 통해서 가라테와 다른 색채를 띠게 되었다. 합기도의 경우도 꺾기 기술에 주먹지르기나 발차기와 같은 타격 기술을 도입함으로써 원래의 일본 무도와는 다른 형태를 띠게 되었다는 것이 많은 전문가들의 지적이다. 하지만 이러한 무예들 대부분이 역사적인 면에 있어서는 일본의 영향을 부정하려고 하는 데 그 문제의 심각성이 있다. 고대의 한국 무예가 현재까지 전해진 것, 혹은 그것이 먼저 일본에 전해지고 이후 다시 한국으로 건너왔다는 논리는 '사실(fact)'에 대해서 이념적으로 부정하고자 하는 시도로밖에는 비쳐지지 않는다. 이러한 논리들에 대한 부정이 바로 전통 무예에 대한 관심을 촉발시키게 되었다.

우리나라에서 전통 무예에 관심을 다시 갖게 된 것은 80년대 후반 들어서면서부터이다. 이는 70년대 사회적으로 일었던 전통 문화에 대한 관심과 맞물려 있다. 전통 문화에 대한 새로운 자각과 이를 계승 발전시키는 것이 무분별한 서구 문화의 유입에 대한 대안이 될 수 있다는 생각이 싹트면서 잊혀진 전통 문화에 대해 재발견을 하게 되었다.

전통 무예 역시 이러한 문화 운동과 그 궤를 같이하고 있다. 기존의 태권도나 검도 · 유도 등 제도권의 주류를 차지하고 있는 무예들이 일제 식민지 시대에 이식되거나 적어도 일본을 통해서 유입되었다는 비판으로 인해 새로운 대안으로서 전통 무예에 대한 관심이 급증하였고, 다양한 전통 무예들이 '개발' 되기도 했다.[69] 그러나 대다수의 무예들은 합기도나 중국 무술에서 파생되어 나오거나 그 변형이었다. 게다가 다들 한국 전통 무예로서 『무예도보통지』의 무예를 언급하는 상황이었지만 어느 무예도 『무예도보통지』에 등장하는 무예에 근접한 실제적인 움직임의 전통을 보여주지 못한다는 점에서 이들 무예들의 주장이 신빙성을 얻지 못했다.

『무예도보통지』의 무예가 현대적으로 처음 세상에 다시 나오게 된 것은 해범 김광석(海帆 金光錫)에 의해서이다. 김광석은 어려서 오공 윤명

69. 2003년 국립민속박물관에서 펴낸 『한국의 무예 단체 현황』에 따르면 국내에 약 150여 개의 무술 단체들이 있다고 한다. 이러한 단체들 가운데 상당수가 1980년대 후반 이후 급조된 것들이며, 대개가 전통 무예를 표방하고 있다.

덕(晤空 尹明德) 선생에게서 무예를 익혔다. 태평양전쟁과 일제 말기의 혼란스러움을 피해 가족 모두 지리산 속의 문암(門巖: 전남 장흥군 위치면, 화순군 도암면, 나주군 다도면의 경계 지역으로 정식 지명은 아니고 당시에 거기 모여 살던 사람들이 그렇게 불렀다고 한다)이라는 곳에 살았는데, 거기서 오공선생을 만났다고 한다. 이후 한국전쟁 중에는 부산에 피난해 있으면서 다시 오공선생을 만나 무예를 배웠다. 낮에는 하루하루 먹고 사는 일에 힘들어하면서 밤늦게 아미동 뒷산에서 무예를 익히는 생활을 했다. 윤선생은 무예를 가르치면서 『무예도보통지』를 언급하고 여기에 수록되어 있는 무예가 십팔기라는 것을 누차 강조하였다고 하는데, 당시에는 『무예도보통지』를 직접 볼 수 없는 상황이어서 그저 구전심수(口傳心授)로 배워 익히기에 열중할 수밖에 없었다고 한다. 김광석 선생이 『무예도보통지』를 보게 된 것은 훨씬 나중의 일인데, 그때 비로소 당신이 배운 내용을 『무예도보통지』에서 구체적으로 확인할 수 있었다고 한다.

젊은 시절 이런저런 사업도 하고, 정치에 관여하기도 했지만 20대 후반에 사회 생활을 모두 정리하고 조용한 산사로 들어가 수양에 전념하였다. 약 6년여에 걸친 수양 생활 끝에 도시로 돌아온 해범은 십팔기를 대중화하는 일에 관심을 가지게 되는데, 이는 무엇보다도 무예가 가지는 개인적 · 사회적 가치에 대한 그의 신념 때문이었다. 그는 무예를 단순히 '무(武)' 의 기능을 궁극적인 차원까지 끌어올려 몸의 탁월한 움직임을 예술적으로 승화시키는 활동으로만 보지 않았다. 그에게 무예는 수련에 참가하는 개인의 도덕적 수양과 사회적으로 성숙한 인간을 만들도록 각성하는 훌륭한 수단이었다. 특히 일제 식민지 시대부터 우리나라에 강제로 이식되기 시작한 유도나 검도 같은 무예가 아무런 반성도 없이 제도권에서 자리잡고 있는 상황과 이후 태권도나 합기도가 무예사의 왜곡을 통해

정통성을 확보하려는 상황에서 제대로 된 우리 무예를 일반인들에게 알리는 것은 매우 중요한 일이었다.

이러한 목적에서 1969년 한국무예원을 개원하게 된다. 당시 한국무예원은 우리나라의 무예 전통이 단절되어 있는 상황에서 무예를 새로이 접할 수 있는 창구와 같은 역할을 했다. 하지만 당시에는 '십팔기'라는 무예를 받아들일 수 있는 여건이 전혀 마련되어 있지 못했다. 많은 사람들이 십팔기를 전통 무예로 보기보다는 그저 중국 무술의 하나로 치부하곤 했다. 이는 당시에 무예를 볼 수 있는 안목이 없었기 때문에 생긴 현상이었다. 사회적으로는 홍콩 무협 영화로 인해 중국 무술에 대한 막연한 동경이나 환상이 형성되고 있었고, 또 해방 이후 자리잡기 시작한 태권도로 인해 맨손 격투 기술이 전통 시대의 무예의 대명사인 것처럼 오인하는 경우가 생겼다. 게다가 당시에는 전통이라면 뭔가 시대에 뒤떨어진 것으로 여기는 분위기도 이런 왜곡된 인식에 한몫을 했다.

일제 식민 치하를 겪으면서 문화적 자긍심이 무너지기 시작했고, 또 새로이 접하게 된 서양 과학 기술 문명 역시 우리의 삶과 사고의 패턴에 대한 대대적인 반성의 계기를 제공했다. 이는 결과적으로 우리 삶의 근간을 이루고 있는 전통에 대한 근원적인 회의를 불러왔다. 전통은 시대에 뒤떨어진 낡은 골동품과도 같은 것일 수밖에 없었다.

이런 상황에서 한국의 전통 무예 자체에 대해서 생각할 여지가 없었다. 우리나라에 무슨 무예가 있었겠는가. 조선왕조 500년이 문약한 왕조였다는 것은 누구나 알고 있는 사실 아닌가라는 왜곡된 역사 지식은 전통 무예에 대한 관심 자체가 생기지 못하게 했다. 게다가 일본 유학생들에 의해 전해진 가라테에서 변형된 태권도나 민속놀이인 택견과 같은 것도 무예에 대한 보편적 인식을 왜곡시키기에 충분했다. 우리나라에는 맨손

그림 61. 해범 김광석 한국 무예 발표회

격투 기술 외에는 아무것도 없는 것처럼 왜곡되는 것도 시간 문제였다.

해범선생은 이러한 상황에서 개인적으로 무예를 전수해서 사회적인 파급 효과를 내는 것에 한계가 있다는 것을 직감하고 한국무예원을 닫게 된다. 십팔기를 다시 알리게 된 계기는 심우성 선생을 만나면서부터이다. 심선생은 민속학을 전공한 분으로 연구하는 과정에서 한 나라의 무예가 그 나라의 민속춤이나 전통적인 움직임 기예에 바탕이 된다는 것을 깨닫고 한국의 전통 무예를 찾아 전국을 헤매다 김광석 선생을 만나게 되었다고 한다. 심선생의 설득으로 김광석 선생은 십팔기를 대중화시키기 위해서는 보다 체계적으로 정리를 하는 것이 시급하다는 데 의견을 같이하고 『무예도보통지』를 실기 해제하는 작업을 1987년에 하게 되는데, 이는 『무예도보통지』에 대한 최초의 실기 해제이다. 이와 동시에 같은 해 바탕골 소극장에서 '한국 전통무예 십팔기 발표회' 를 가짐으로써 공식적으로 십팔기가 대중에게 알려지게 되었다. 사실 그 이전에는 『무예도보통지』에 대해서 막연하게 알고 있을 뿐 거기 수록되어 있는 십팔기의 실체에 대해서는 전혀 모르고 있었다고 해도 과언이 아니었다(그림 61).

『무예도보통지실기해제』 이후 전통 무예 십팔기의 계승과 발전에 뜻을 둔 대학생들이 동아리를 만들어 활동을 하게 되는데, 이들 십팔기 동아리들은 대학 무예 문화 운동의 효시라고 할 수 있다. 이는 전통 문화의 계승 발전을 통해 왜곡되어 있는 대학 문화를 쇄신하고 심신 수련 문화를 개척하고자 하는 새로운 시도로서 의의를 가지고 있었다. 젊은 학생들이 무예 문화 운동의 주역으로 나섬에 따라 김광석 선생은 십팔기를 보다 체계적으로 대중이 알기 쉽도록 정리해야 할 필요성을 느끼고 이에 대한 이론과 실기 작업에 매달리게 되는데, 이는 그가 이전에 구전심수(口傳心授)로 익혔던 무예 이론과 실기에 대한 보다 객관적인 학술 작업이라고 할 수 있다. 십팔기 가운데 권법에 관한 이론과 실기를 담고 있는 『권법요결』(동문선, 1992), 그리고 십팔기 가운데 본국검 · 예도 · 쌍수도 · 쌍검 등 도검류 무예의 이론과 실기를 정리하고 있는 『본국검』(동문선, 1995), 이어 장창 · 곤봉 · 당파 등 장병기 무예의 이론과 실기를 담고 있는 『조선창봉교정』(동문선, 2003)이 그에 의해서 이루어진 노작들이다.

2001년에는 김광석 선생의 제자들을 주축으로 십팔기의 올바른 계승과 발전을 위한 '전통무예십팔기보존회'가 만들어졌다. 십팔기보존회는 정기적인 십팔기 공연과 강습 등을 통해 십팔기의 부활을 시도하고 있으며, 보다 적극적인 활동을 통하여 십팔기를 오늘에 되살리려고 노력하고 있다. 특히 최근 들어서는 국군 전통의장대에서 '십팔기'를 계승하고 있다. 실로 100여 년 만에 끊어진 전통을 계승하는 셈이다. 일제에 의해 강제로 군대가 해산된 이후 우리 군대는 일제와 친일 매국 정부에 목숨을 걸고 대항하였다. 그 전통적인 한국 군대의 무예인 십팔기가 100년 만에 다시 원래의 제자리로 돌아온 것이다(그림 62).

오늘 우리에게 남겨진 과제는 무예의 역사적 전통을 어떻게 바로 세우며, 현대적으로 계승 발전시키는가 하는 것이다. 양적으로 이미 한국 무예는 전 세계에서 가장 인기 있는 무예 가운데 하나가 되었다. 미국을 비롯하여 유럽 · 남미 등 전 세계적으로 한국의 무예는 사랑을 받고 있으며, 훌륭한 신체 수련 문화의 하나로 자리잡고 있다.

일제 강점기라는 민족의 시련기를 거치고, 해방과 전쟁 등 우여곡절의 역사 속에서 힘들게 성장해 왔지만 결국 이렇게 발전을 해서 많은 사람들에게 심신 수양의 즐거움을 주는 수련 종목으로 자리매김한 데는 기본적으로 많은 무예인들의 노력이 있었기 때문에 가능하였다. 하지만 보다 근본적으로는 한국의 역사 속에서 면면히 흘러오는 무예 전통이 있었기에 가능

그림 62. 기창 시연 모습 국군 전통의장대

한 것이었다. 그리고 이러한 무예 전통의 중심에 십팔기(十八技)가 있다.

결과론적이긴 하지만 현재 한국 무예의 전성 시대를 구가하도록 하는 원동력이 400여 년 전의 십팔기의 전통에서 이미 시작되었다고 한다면 잘못일까. 선조에서 정조에 이르는 200여 년은 십팔기가 정립되는 기간이었다. 전래되는 우리 무예뿐 아니라 중국과 일본의 무예 가운데 우리에게 필요한 무예들을 정리해 그 정화만을 뽑아 만든 것이 십팔기이다. 그로부터 200년이 흘러 이제 그러한 공력이 현대의 우리들에게 힘을 미치고 있다.

모든 현대의 한국 무예, 아니 현대의 동양 무예를 이해하기 위해서는 먼저 십팔기를 이해해야만 한다. 그런데 과연 우리는 십팔기에 대해서 얼마나 제대로 알고 있는가? 이제 그러한 노력의 출발점으로 다시 한국의 무예, 십팔기를 돌아봐야 할 시점이다.

찾아보기

ㄱ
가라테 19, 159, 160, 163
가지극(皆知戟) 62
각력(角力) 68
각저(角抵) 8, 36, 64, 68, 69, 70, 73
각희(脚戱) 68
갈고리 62, 63, 90
감(砍, 찍어 베기) 34, 35
갑사 67
강노(剛弩) 57
강유(剛柔) 142
개소문 18, 48
거기보(車騎步) 108
검(劍) 7, 8, 18, 24, 25, 43, 47, 48, 50, 58, 62, 78~80, 96~97, 102~103, 105, 130
검술(劍術) 36, 47~48, 50~51, 78, 83, 85, 89, 96, 126, 138
검신형 43~44
격(擊, 치기) 34
격구 8, 33, 35, 37~39, 58, 95~96, 138
격법(擊法) 128, 130, 133
격법(格法) 128
격봉(擊棒) 58
격자격세(擊刺格洗) 130
경궁(梗弓) 57
경제 20
경중(輕重) 142
고각궁 53
고구려 7, 21, 23~25, 44~45, 47~48, 51, 55, 58, 65~66, 68~69
고대 전쟁 20
『고려사』 19, 65, 67
곤봉(棍棒) 19, 30, 33, 35, 37~38, 81, 85, 89, 94, 112~113, 117, 122, 138, 140, 142~144, 147, 166
공민왕 58
교사 27, 29, 84
교전 35, 45, 73, 83, 94, 105, 120, 125~127, 137
구력약과, 신력미발(舊力略過, 新力未發) 147
구진천 55
구창(鉤槍) 33, 37, 39, 88~91, 112
국선(國仙) 48
군신 18
궁병 78
궁수 20, 23, 133
권(圈) 121~122
권법(拳法) 9, 19, 30, 32, 35, 37~38, 64, 68, 70, 72, 89~90, 94, 111~112, 116~117, 122, 138, 140, 149, 166

『권보(拳譜)』 30, 40, 64
근거리 무예 38
금위영 153~154
기력(氣力) 19
기마술 36, 60
기병(奇兵) 8, 20~21, 23~24, 33, 36~37, 45, 50, 58~59, 62, 77~78, 80, 89~91, 93, 96~97, 108, 112, 119, 133, 154
기복(起伏) 142
기사(騎射) 8, 24~25, 48, 50, 53, 55, 57, 59~60, 67~68
기창(騎槍) 8, 33, 35, 37, 45, 50, 58, 60, 81, 94~97, 99, 119~120, 167
『기효신서』 26, 81, 83~85, 90, 117, 121, 124~125, 132, 134, 137~138, 141~142, 145~147
김봉모 50
김여준 70, 73
김유신 48
김흠운 48

ㄴ
나(拏) 125
낭선(狼筅) 30, 35, 37~38, 81, 83, 85~86, 87~89, 93~94, 101, 110, 119, 133
『내가권법』 149
내외(內外) 142
『노해(弩解)』 30, 54
놀이 8, 27, 60, 70
농장희(弄杖戲) 58

ㄷ
단궁(短弓) 51
단마(單馬) 59
단병(短兵) 8, 24~25, 30~31, 34, 38~39, 78~81, 83, 85, 96, 118, 126, 133, 135, 140
단순궁 51
담력 25, 38
당수도(唐手道) 159
당태종 24
당파(鎲鈀) 11, 30, 35, 37, 38, 81, 83, 85, 87~89, 93~94, 100, 119, 122, 124, 154, 166
대(對) 131
대련(對鍊) 27
대봉 93, 112, 140, 145~146
대소문(大小門) 121~122
대타 140, 142
도(刀) 18, 47, 105, 117, 135, 147~148
도검류(刀劍類) 125, 153, 166
도곤 112
도곤수 93
도끼 62
도척[도신(刀身)] 47
동개살 53
동양 무예 37, 167
동이(東夷) 51
「동이열전」 23~24, 44
동정(動靜) 142
득수응심(得手應心) 118
등패(籐牌) 30, 35, 38, 81, 83, 85~86, 88~89, 93~94, 101, 110, 118, 125, 132~133, 135~137

ㄹ
레인지 어택 23

ㅁ
마르스(mars) 18
마병 91, 113, 132
마상월도 19, 33, 35, 37, 95~96, 108
마상재 33, 35, 37, 58~61, 95~96, 138

마상편곤 19, 33, 35, 37, 95, 113, 115, 138
말타기 18~19, 48
맨손 격투 기술 20, 36, 64~65, 68~69, 72, 138, 163
맨손 기술 19
맨손 기예 19
목전(木箭) 53, 57
무(舞) 131
무과 시취 과목 25, 29, 45, 53, 57, 59, 95, 97
무기 8, 17~20, 23~24, 33~34, 36, 38~39, 43~45, 47~48, 50, 53, 55, 57~58, 60, 62~63, 77, 80~81, 86, 88, 90~91, 98, 100~101, 111~113, 117~119, 122, 124, 126, 132~133, 138, 140, 153~155
무덕관 159
무사 9, 20, 48, 67~68, 155
무술 9, 34, 66, 157, 161, 163
무예 6~13, 17~20, 23~27, 29, 30, 33, 34~39, 43, 45, 48, 50~51, 53, 55, 58~60, 62, 67~68, 70, 77~81, 83~91, 93~99, 101, 105, 107~112, 116~119, 122, 124~126, 128, 130, 135~137, 140, 145~146, 148~149, 153, 155, 157~163, 165~167
『무예도보통지』 9~10, 19, 28, 30, 32~35, 37~38, 45, 47, 59~61, 70, 72, 84, 90, 93~97, 103, 116~117, 119~120, 128, 130, 138~139, 143, 146~147, 149, 160~162, 165
무예서 9, 19, 26, 29~31, 33~35, 51, 85, 89, 94, 128, 149
『무예신보(武藝新譜)』 30, 33, 38, 93, 94, 95
무예 전수 26
무예 전통 9~12, 27, 37~39, 96, 155, 157, 159, 163, 166~167
『무예제보(武藝諸譜)』 30~31, 77, 80, 85, 89~90, 93~95, 140, 147
『무예제보번역속집』 30, 32~33, 38, 89~90, 93, 95, 140
무용총 25, 55, 66
무인 8, 48, 53, 58, 94, 157
문신 50
미첨도(眉尖刀) 109
민속놀이 60, 163

ㅂ

방추형 43, 44
방패군 67
백리척 34
백병전 78
백제 7, 24, 44, 47, 58, 62, 63
백타(白打) 64
버들잎형 43
변진영 30
병마녹사 50
병자호란 36
병장 무예 36, 43
보급 20
보법(步法) 116, 121
보병 20~21, 23, 45, 60, 81, 89, 96~97, 113, 119, 154
보전(步戰) 24, 44
보편곤(步鞭棍) 113, 154
복합궁 51
본국검 9, 19, 35, 38, 51, 94, 96, 105~106, 125, 128~129, 131, 142, 160, 166
봉(封) 125
봉(棒) 18
부산진순절도 76
부월수 62, 21
불랑기포 80

ㅅ
사궁(射弓) 57
사도세자 95
사법(四法) 130
『사법비전공하(射法秘傳攻瑕)』 30
'산(山)' 자형 44
살수대 93, 112
『삼국유사』 48, 53
삼루환두대도 46
삼실총 45
삼재진 81, 91
삼혈총 91, 108, 154
상란(上攔) 125
상무(尙武) 8, 17, 25
상박(相撲) 64, 68
상하(上下) 140, 142
선진후기(先陣後技) 77
세법(洗法) 128, 130
세습직 27
세전(細箭) 53
소림곤법천종 119, 149
송무관 159
쇠낫[鐵鎌] 62
쇠뇌 7, 23~24, 30, 53, 55, 154
수박(手搏) 8, 36, 64~68, 138
수박희(手搏戱) 65, 67~68
수법(手法) 67, 116~117, 121~123, 136, 142
수성전(守城戰) 23, 53
수어청 153
스승 27, 29, 149
시험 27, 29, 57, 67~68, 118, 122, 124, 131~132, 135, 138, 145~146
신검(新劍) 105
신라 7, 24, 44, 47~48, 55, 58, 62, 96, 105, 128
신법(身法) 116~117, 121~122, 136
신축(伸縮) 142
쌍검 9, 19, 35, 51, 94, 107, 125, 131~132, 166
쌍마(雙馬) 59
쌍수도 19, 35, 102, 125~126, 131~132, 166

ㅇ
아량(亞兩) 53
야와라 160
양만춘 23~24
양의진 81, 91
어영청 153
『어영청중순등록』 138, 140
『연병지남』 90, 93, 112
연주포 80
예궁(禮弓) 53
예도 9, 35, 51, 94, 103, 105, 125, 132, 166
오군영 153
왜검 33, 35, 37, 51, 70, 89~90, 94, 104~105, 125~127, 132
왜검술 36~37, 51, 126
외교 20
용검(用劍) 102
『용당소품(涌幢小品)』 66
운광류(運光流) 104, 127
원거리 무예 7, 23~24, 30, 38, 50, 53
원산학사 157
원앙진 30, 80~81, 83, 86~87, 89, 91, 93, 101, 110
월도 9, 19, 35, 51, 94, 108, 125, 131, 154~155
유대유(俞大猷) 147
유도 19~20, 160~161
유술 64, 158, 160
유엽전(柳葉箭) 53

유피류(柳彼流) 104, 127
육진(六進) 121~122
의종 58, 65
이등변삼각형 43~44
이성계 23, 53
이의민 65
이인정 50
임진왜란 10~11, 30, 33, 36, 38, 51, 57, 76~77, 79, 84, 89, 102, 126~127

ㅈ
자(刺, 찌르기) 34
자법(刺法) 128, 130
장군전(將軍箭) 53
장궁(長弓) 51
장도(長刀) 30, 37~38, 85, 91, 94, 102, 109
장병 전술(長兵戰術) 77
장병(長兵) 34, 78
장병단용설 122
장수 23, 27, 62, 70, 81, 85, 103
장시(杖匙) 58
장용영 153
장전(長箭) 53
장창(長槍) 9, 19, 30, 34~35, 37~38, 57, 81, 83, 85, 87~88, 93~95, 97~99, 112, 119, 122~124, 134, 154, 166
『장창법선(長槍法選)』 121
쟁교(爭交) 68
전략 20, 77
전술 20
전통 6, 10~13, 17, 19~20, 23, 27, 29, 34, 36~39, 45, 51, 58, 84~85, 94, 96, 127, 140, 152~153, 155, 157~159, 161, 163, 165~167
전통의장대 12, 152, 166~167
전투 18~19, 22~23, 25~26, 38~39, 53, 57~58, 60, 76, 79~81, 83, 87, 89~90, 100, 119, 122, 125, 155
절강병 80
정노(精弩) 57
정량궁(正兩弓) 53
정신 수양 19
정종유(程宗猷) 119, 149
정치 9, 19~20, 140, 155, 162
제독검 19, 34, 94, 105, 125, 131~132
제자 27, 166
조선세법 38, 96, 103, 128, 131, 132
조선연무관 공수도부 159
조승훈 80
조총 8, 36~37, 57, 78~80, 83, 89, 96, 125~126, 131, 153~155
좁은 놋창 44
좌우(左右) 78, 83, 142
주국정(朱國禎) 66
주몽(朱蒙) 51
죽장창 9, 35, 94, 98, 119, 154
중무장 기병 45
진법(陣法) 18, 50, 77~78
진퇴(進退) 110, 121~122

ㅊ
착(捉) 125
창(槍) 18, 148
창검병 78
창두(槍頭) 43~45, 134~135
천남생 19
천류류(千柳流) 104, 127
철궁 53
철전(鐵箭) 53, 57
철준(鐵鐏 창 고리) 44
철태궁 53
철퇴(鐵槌) 63
청도관(靑濤館) 159

청룡언월도(靑龍偃月刀) 33, 37, 89~90, 92, 94
체조교수요목 158
초시 59
총도(總圖) 33, 131
총병(銃兵) 78, 79
총보(總譜) 33
총융청 153, 155
축성술 18
충혜왕 58

ㅋ

쾌만(快慢) 142

ㅌ

타구(打毬) 58
타권(打拳) 67
태권도 6~7, 19~20, 159~163
태수도 159
택견 19, 20, 163
토유류(土由流) 104, 127
통아 57

ㅍ

파르티아의 활쏘기 55
팔모(八母) 121~22
편곤 9, 19, 35, 91, 94, 96, 113~114, 138, 154~155
편전(片箭) 53, 57
평검(平劍) 102
폐(閉) 125
표창 86, 110, 132~133, 137

ㅎ

하란(下攔) 125
하하등 124, 134, 146
한교(韓嶠) 84
한국무예원 163, 165
한일합방 157~158
합기유권술 160
합단(哈丹) 50
허실(虛實) 142
협도 9, 19, 31, 35, 51, 93~94, 109, 125, 131, 154~155
협도곤(夾刀棍) 33, 37, 89~91, 93, 112, 140
형식[歌訣] 29
호신술 19, 63, 153
호준포(虎蹲砲) 80, 154
홍이포(紅夷砲) 154
화공술 18
화기(火器) 34, 38, 50, 77, 80~81, 91, 96, 100, 154
화랑 38, 48, 105, 128
화법 무예(花法武藝) 137
화성 153
화약 병기 19
환도(還刀) 107, 132~133, 153~155
환두대도 46~47
활쏘기 18~19, 23
황창랑 128
후금 9, 33, 36~37
『후한서』 23~24, 44
훈련 9, 20, 25, 29, 57, 59~60, 68, 70, 124, 126, 133, 137~138, 145~146, 157~158
훈련도감 84, 153~154

최 복 규

1969년 서울에서 출생.
서강대학교 물리학과를 졸업하고
서울대학교 체육교육과에서
교육학 석사와 체육학 박사학위를 받았다.
2003년부터 2004년까지 서울대학교 스포츠과학연구소 선임 연구원
2004년부터 2006년까지 영산대학교 교수로 재직했다.
현재
네덜란드 화랑재단(Hwarang Foundation) 초빙 교수
KIMA(Korean Institute for Martial Arts) 원장

저서
『무예 십팔기』
『조선 중기 무예서 연구』(공저)

이화여자대학교출판부 기획 시리즈

'우리 문화의 뿌리를 찾아서'

1. 한국사 입문 신형식 지음
2. 전통 한복의 멋-노리개 이경자 지음
3. 한국의 지붕 · 선 임석재 지음
4. 한국의 창 · 문 임석재 지음
5. 한국의 돌 · 담 · 길 임석재 지음
6. 한국의 전통 공간 임석재 지음
7. 한국의 꽃살 · 기둥 · 누각 임석재 지음
8. 우리춤 김말복 지음
9. 한국 고전여성작가의 시세계 이혜순 지음
10. 한국의 탈춤 조동일 지음
11. 한국의 전통 교육 최완기 지음
12. 한국의 풍속 : 민간 신앙 최준식 지음
13. 한국의 전통 사회 : 화폐 원유한 지음
14. 한국의 전통 공예 : 도기 나선화 지음
15. 한국의 전통 선박-한선(韓船) 최완기 지음
16. 한국의 여행 문학 김태준 지음
17. 한국의 전통 사회 : 시장 정승모 지음
18. 한국의 전통 공예 : 소반 배만실 지음
19. 조선 상류 주택의 내부 공간과 가구 최상헌 지음
20. 한국의 전통 사회 : 운송 기구 최운식 지음
21. 한국의 종교 : 불교 최준식 지음
22. 한국의 전통 과학 : 천문학 박창범 지음

근간

한국의 풍속 : 잔치 윤서석 지음

한국의 음식 : 김치 김숙희 지음

한국의 전통 사회 : 마을 오홍석 지음

한국의 전통 무예 십팔기

펴낸날 1판 1쇄 2008년 2월 15일 _ **지은이** 최복규 _ **펴낸이** 최민숙 _ **펴낸곳** 이화여자대학교출판부
주소 서울특별시 서대문구 대현동 11-1 (120-750) _ **등록** 1954년 7월 6일 제9-61호
전화 02-3277-2965, 2966(편집팀) 02-3277-3164, 362-6076(영업팀) _ **팩스** 02-312-4312
e-mail press@ewha.ac.kr _ **인터넷서점** www.ewhapress.com
편집 책임 정경임 _ **디자인** GNA Communications _ **찍은곳** (주)영림인쇄

ISBN 978-89-7300-775-2 04390
ISBN 978-89-7300-602-9 (세트)
값 12,000원